# 팔지말고
코칭하라

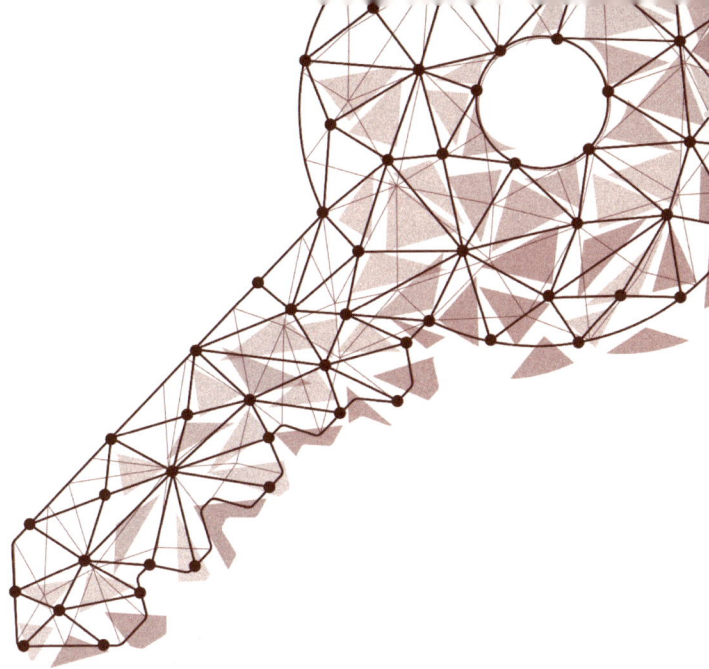

AI 시대 영업!
고객의 마음을 어떻게 열 것인가?

# 팔지말고 코칭하라

김상범, 정희준, 김상현, 박민수 | 공저

푸른영토

[ 서문 ]

# AI 시대의 영업,
# 세일즈 컨설턴트에서 구매 코치로

이언 그로스Ian Gross와 리사 얼 맥클라우드Lisa Earle McLeod는 2025년 하버드 비즈니스 리뷰Harvard Business Review를 통해, 생성형 AI를 활용해 고객의 사업 과제와 핵심 지표를 파악하고, 보다 전략적인 관점에서 대화를 시작한 영업인들이 수백만 원, 수천만 원 단위의 성과를 창출한 사례를 소개했다.

AI는 고객에 대한 방대한 정보를 빠르게 수집하고 분석하는 데 큰 도움을 주지만, AI는 정보를 '찾아주는 도구'일뿐이며, 그 정보를 어떻게 해석하고 의미 있게 전달할지는 결국 사람의 몫이다. 고객의 입장에서 그 정보를 연결하고 방향성을 제안하는 코치 역할은 오직 사람만이 해낼 수 있다.

특히 한국의 많은 조직은 앞으로 AI가 영업인을 대체할 것이라는 막연한 불안 속에 있다. 그러나 진실은 그 반대다. AI 덕분에 영업인은 반복 작업에서 벗어나, 고객의 고충을 진심으로 이해하고 전략적 조언을 제공하는 고유한 역할에 더욱 집중할 수 있게 되었다. 따라서 이제 설명하고 설득하는 영업에서 벗어나, 코칭하고 안내하는 영업으로 나아가야 한다.

오늘날의 고객은 더 이상 수동적인 정보 수용자가 아니다. 이미 AI 검색, 비교 플랫폼, 리뷰 사이트 등을 통해 필요한 제품과 서비스를 사전에 충분히 탐색하고 분석한 뒤 영업 현장에 등장한다. 한 금융상품 영업인은 이렇게 말한다.

"고객들이 여러 회사의 상품을 비교한 표를 들고 와서 '왜 당신네 상품이어야 하냐'고 묻는 게 일상이 되었어요."

정보로 무장한 고객 앞에서, 단순한 설명과 설득만으로는 마음을 움직이기 어렵다. 이제 영업인은 넘쳐나는 정보 속에서 혼란을 겪는 고객이 가장 적합한 선택을 내릴 수 있도록 돕는 구매 코치가 되어야 한다.

구매 코치는 단순히 고객의 질문에 답하고 제품을 추천하는 사람을 넘어선다. 고객이 정보의 홍수 속에서 길을 잃지 않도록 방향을 제시하고, 결정 과정을 도와주는 지원자다. 내비게이션이 목적지를 대신 정해주지는 않지만 가장 빠르고 효율적인 길을 제시하듯, 구매 코치는 고객이 스스로 최선의 판단을 내릴 수 있도록 돕는 사람이다.

하버드 비즈니스 스쿨Harvard Business School의 더그 정Doug J.

Chung 교수는 이렇게 말한다.

"AI는 영업인을 대체하는 것이 아니라, 협업을 통해 영업 활동을 더욱 강화한다. AI는 데이터를 바탕으로 이상적인 고객을 찾아내고, 사람은 그 관계를 심화시킨다."

AI 시대의 영업은 더 이상 제품을 파는 일이 아니다. 고객의 의사결정 과정을 함께 설계하고, 최선의 선택을 도와주는 서비스 중심의 코칭형 세일즈로 변화해야 한다. AI가 반복 업무를 자동화하면서, 영업인의 진짜 가치는 '관계 관리'와 '전략적 조언'으로 이동하고 있다.

고객들은 종종 이렇게 말한다.

"알겠는데, 뭐가 진짜 맞는 선택인지는 잘 모르겠어요. 이게 우리한테 정말 맞는 건지…."

이 말은 고객에게 필요한 것이 더 많은 정보가 아니라, 정보를 해석해 방향을 잡고 올바른 결정을 내릴 수 있는 인사이트임을 보여준다.

고객은 설명이 아니라, 결정을 위한 확신을 원하고 있다. 이제 영업인은 설득자가 아니라, 고객의 선택을 돕는 코치가 되어야 한다.

이 책에서 제시하는 "3D 모델(발견→토론→결정 코칭 영업 모델)"은 실제 영업력을 끌어올리고, 불필요한 에너지 소모를 줄이며, 고객과의 관계에서 지속 가능한 성과를 만들어낸다.

다양한 산업의 최상위 영업인들은 공통적으로 관계 중심, 질문 중심, 체험 중심의 방식을 통해 고객의 재구매를 유도하고 있다. 이들은 인공지능AI 기반 분석 시스템으로 고객의 라이프스타일과 선호도를 미리 파악한 뒤, 맞춤형 질문과 솔루션을 제시한다.

미국의 제이피모건JP Morgan, 스타벅스Starbucks, 울타뷰티Ulta Beauty 등 다양한 기업들이 이미 인공지능AI과의 협업을 통해 고객 유지율, 재구매율, 만족도, 충성도, 매출 향상 등 영업 전 부문에서 개선 효과를 증명하고 있다.

이 책은 영업 전문가, 관리자, 기업 리더, 스타트업 창업자 모두가 인공지능AI 시대에 맞는 '코칭형 영업'으로 전환하고, 고객 중심의 성과와 문화를 만들어가는 전략과 실천 방법을 담은 실전 가이드다. 이 책에서 제시하는 '3D 모델'을 조직 내에 적용하면, 단기 성과 향상은 물론 영업 문화의 질적 혁신과 장기 시장 경쟁력 확보로 이어질 수 있다.

마지막으로 이 책은 단순히 고객을 설득하는 사람이 아닌, 고객의 삶과 비즈니스를 함께 설계하는 조력자가 되는 길을 안내한다. 그 여정 속에서 영업인은 상품을 파는 사람이 아닌, 사람을 돕는 전문가로 성장하게 된다. 고객의 삶에 긍정적인 흔적을 남기고, 영업이라는 직업을 통해 진정한 자부심과 보람을 되찾게 된다.

이제 "어떻게 팔까?"가 아니라, "어떻게 도울까?"로 질문을 바꿔야 할 때다.

인공지능AI 시대의 영업, 그 새로운 이정표가 될 이 책에서 여정을 시작하자.

2025년 7월
서울과학종합대학원대학교 영업혁신 연구센터
김상범, 정희준, 김상현, 박민수

## 차례

[ 서문 ] AI 시대의 영업, 세일즈 컨설턴트에서 구매 코치로 _5

# PART 1 | 코칭

## SECTION 1
**영업의 위기 : 컨설턴트로 바뀐 명함, 정체된 영업기법**

SECTION 1-1 영업의 성공을 결정짓는 작은 차이     **21**

SECTION 1-2 기존의 영업방식이 더 이상 통하지 않는 MZ 세대     **22**

SECTION 1-3 영업의 진정한 목적     **27**

SECTION 1-4 고객은 교묘한 기법에 속지 않을 정도로 현명하다     **28**

SECTION 1-5 사람들이 명함에 포함시키는 내용     **30**

SECTION 1-6 성공에서 삶의 의미로     **31**

SECTION 1-7 영업 기술과 접근법을 왜 변화시켜야 하는가?     **33**

SECTION 1-8 당신은 1퍼센트 더 나아질 수 있는가?     **34**

SECTION 1-9 코칭의 핵심     **35**

■ 실행과제     **39**

## SECTION 2
**영업에 대한 구조적이고 체계적인 접근 : 컨설팅 영업과 코칭의 통합**

SECTION 2-1 컨설팅 영업이란 무엇인가?     **48**

| | |
|---|---|
| SECTION 2-2 코치란 무엇인가? | 50 |
| SECTION 2-3 영업에서 코칭의 정의 | 53 |
| SECTION 2-4 보편적 코칭 모델에서 핵심 신념 | 56 |
| SECTION 2-5 주기 - 받기/주기 - 안내하기 | 58 |
| SECTION 2-6 코칭 접근법이 유지와 소개에 미치는 영향 | 65 |
| SECTION 2-7 구조적이고 체계적인 접근법에 대한 사례 | 67 |
| SECTION 2-8 영업관리자의 역할 | 69 |
| SECTION 2-9 영업 프로세스는 단순해야 한다 | 71 |
| SECTION 2-10 상호작용을 위한 단순한 코칭 모델 | 72 |
| ■ 실행과제 | 75 |

# PART 2 | 코칭 영업 '3D 모델'

## SECTION 3
### 코칭 모델의 1단계 : 발견 Discover

| | |
|---|---|
| SECTION 3-1 코치는 어떤 사람인가? | 86 |
| SECTION 3-2 대화의 시작 : '가벼운 대화'는 결코 가볍지 않다 | 93 |
| SECTION 3-3 KBOP : 고객과의 대화를 전환하는 4단계 모델 | 95 |
| SECTION 3-4 코칭 도구 : TEAM | 113 |
| ■ 실행과제 | 125 |

# SECTION 4
## 코칭 모델의 2단계 : 논의 Discuss

SECTION 4-1 3포인트 플레이 : 고객의 마음을 사로잡는 설계     **138**

SECTION 4-2 원활한 연결     **139**

SECTION 4-3 3포인트 플레이를 만드는 공식     **140**

SECTION 4-4 개방형 질문     **145**

SECTION 4-5 진정한 대화 갖기     **147**

SECTION 4-6 장애물 제거하기     **150**

SECTION 4-7 코칭 도구 : 스토리보딩(Storyboarding)     **155**

■ 실행과제     **159**


# SECTION 5
## 코칭 모델의 3단계 : 결정 Decide

SECTION 5-1 책임은 중요하다     **171**

SECTION 5-2 코칭 vs 전통적 영업 비교     **173**

SECTION 5-3 결정을 위한 모델     **179**

SECTION 5-4 코칭 도구 : APPA     **191**

■ 실행과제     **195**

# PART 3 | 다음 단계로 도약

## SECTION 6
### 자신감 : 성공을 위한 연료

SECTION 6-1 자신감 충전하기 — 204

SECTION 6-2 코칭 영업인이 왜 유별난 자신감을 갖추어야 하는가? — 205

SECTION 6-3 자신감으로 가는 다섯 가지 길 — 208

■ 실행과제 — 223


## SECTION 7
### 컨설턴트에서 코치로

SECTION 7-1 영업인으로서 자신의 목적을 발견한다 — 233

SECTION 7-2 옵션을 논의하거나 탐구하기 — 234

SECTION 7-3 어떤 접근법이 자신에게 최고인지 결정하기 — 235

SECTION 7-4 앞으로 30일 - 작심삼일을 넘는 유일한 방법 — 236

■ 실행과제 — 238


[ 부록 ] 3D 코칭 대화의 요약_241

[ 에필로그 ] 영업의 네 번째 혁명을 맞이하며_245

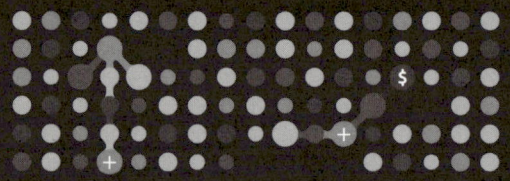

# PART 1
# COACHING
# 코칭

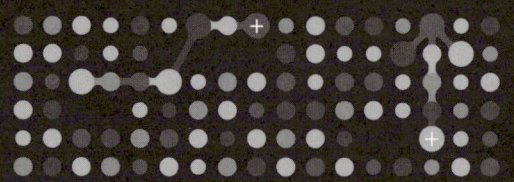

# SECTION 1

# 영업의 위기 :
# 컨설턴트로 바뀐 명함, 정체된 영업기법

"인생에서 죽는 것보다 더 무서운 게 뭔지 알아? 보험 세일즈맨이랑 저녁 한 끼 먹어본 적 있어?"
—우디 앨런Woody Allen

"지금은 이 차가 별로라고 생각하시겠지만, 일단 직접 몰아보세요. 마음이 바뀔 거예요."
—영화 <베케이션>의 자동차 세일즈맨

## 개요

명함은 바뀌었지만, 내용은 그대로다. 한때 '영업사원', '판매원'으로 불리던 이들이 이제는 '재무 컨설턴트', '프랜차이즈 컨설턴트', '뷰티 컨설턴트' 등 각양각색의 '컨설턴트'로 불린다. 하지만 명함만 바뀌었을 뿐, 그들의 행동 방식과 고객 접근법은 여전히 과거에 머물러 있다.

이 장에서는 영업 환경의 급격한 변화 속에서도 진화하지 못하는 영업 현장의 모순을 살펴본다. 온라인 정보의 폭발적 증가, 소비자 지식 수준의 상향 평준화, 그리고 인공지능(AI) 기술의 발전이 만들어낸 새로운 도전 환경을 직시한다. 이러한 변화 속에서 영업인들이 직면한 미묘하면서도 불가피한 위기 상황을 진단하고, 이를 극복하기 위한 유일한 해법으로서 영업 방식의 근본적 진화 필요성을 제시한다.

특히 이 장은 '정보의 비대칭' 붕괴가 영업 현장에 미친 영향과, 이에 대응하기 위한 체계적인 코칭 기반 영업 모델의 필요성을 설득력 있게 제시한다.

## 현장 경험

**"내가 알고 있다는 사실을 모르는 영업인"**

나는 중고차를 사고 싶었고 원하는 자동차 모델도 정해놓았다. 중고차를 여러 번 구매해 본 경험자로서, 나는 일단 나름대로 조사를 해보고 싶었다. 그래서 보배드림 중고차 후기 게시판에서 실사용자들의 경험담을 읽었고, 여러 중고차 매매 사이트를 뒤지며 정보를 수집했다. 국내 한 중고차 플랫폼에 접속해 내가 원하는 차량이 얼마에 판매

되는지도 미리 확인해두었다. 한마디로, 내가 인근 매매 단지에서 '김 부장'이라는 영업인을 만났을 무렵에는, 나름대로 이 분야에 대해 꽤 많은 지식을 갖추고 있는 상태였다.

김 부장은 말주변이 좋았고 반가이 맞아주었다. 그의 장황한 설명에 점점 인내심이 바닥나던 나는 마침내 다음과 같이 말하며 그의 입을 막았다.

"부장님, 그런 정보를 다 얘기할 필요는 없습니다. 나는 내가 원하는 차를 정해놓았고, 그 차를 사려면 얼마를 내야 하는지도 아니까요."

내가 직설적으로 말하는 바람에 김 부장은 기세가 약간 꺾이는 듯했지만, 그의 자리로 가서 다시 협상을 시작했다.

나는 김 부장에게, 나는 "판매 당하고" 싶지 않으며, 그저 내가 살 자동차와 거래 조건에 대해 정직하고 솔직한 대화를 원한다고 말했다. 그런 다음 그에게 솔직하게 제안했다.

"솔직하게 말하지요, 부장님. 저는 당신 회사가 그 중고차를 얼마 주고 샀는지도 알고, 당신 입장에서 적절한 이득이 어느 정도 되는지도 감이 옵니다. 그러니 나는 이 정도 금액이면 기꺼이 내겠어요."

그러면서 내가 생각한 금액을 말했다. 김 부장은 앉은 채로 의자 등에 기대더니 고개를 저으며 단호하게 말했다.

"그 숫자는 전혀 아닌데요. 아마 인터넷을 찾아보셨나 본데, 인터넷에 나오는 정보는 다 엉터리지요. 사실 저희 회사는 그 자동차를 구입할 때 그보다 더 많은 돈을 지불했습니다."

나는 김 부장의 눈을 똑바로 바라보면서, 당신이 생각하는 적절한 마진이 얼마인지에 대해 더 이야기할 수도 있지만 내가 이렇게 솔직하게 나왔으니, 당신도 흔히 쓰는 속임수 따위는 쓰지 말아 주었으면 좋겠다고 말했다.

그러자 김 부장은 즉시 자신은 지금 정직하게 말하고 있다고 항변하면서 내가 한 말에 상처받았다는 듯이 행동했다.

"이대로 계약하면 제가 손해를 보는 겁니다. 세부명세서를 보여드릴 수도 있어요."

그러자 나는 명세서의 일부 항목은 회사에 이익이 될 수는 있어도, 실제 비용이라고 보기는 어렵다고 지적했다. 김 부장은 내 말이 틀렸다면서 자기 상사와 이야기하러 갔다. 그러고는 돌아오더니 내게 명세서를 보여주면서 앞뒤가 안 맞는 말을 늘어놓았다.

내가 의심했던 대로, 김 부장이 내민 명세서는 그가 거짓말을 하고 있다는 것을 증명했다.

나는 그 자리에서 사무실을 나왔다. 물론 김 부장은 사무실을 나서는 나를 따라와서는 내가 처음에 제시했던 금액으로 그 차를 사라고 권했다. 농담처럼 자기 상사 때문에 처음에는 그럴 수밖에 없었다고 했다. 하지만 그때는 이미 너무 늦었다. 김 부장은 내 신뢰를 무너뜨렸기 때문이다.

**정보 비대칭이 무너진 세상**

김 부장이 몰랐던 사실은, 내게 처음에 제시했던 금액보다 더 많은 돈을 지불할 의사가 있었다는 것이다. 나는 평생을 영업 분야에 종사하며 살아온 사람이다. 금전적으로 힘들다는 것이 어떤 것인지 알고, 성공한다는 것이 어떤 것인지도 잘 안다.

김 부장이 내게 솔직한 태도를 보이면서 그저 이득을 좀 더 보고 싶다고 말했다면 나는 내가 제시했던 금액보다 돈을 더 주고라도 그 차를 샀을 것이다.

나는 능력 좋은 영업인이 자기 능력만큼의 돈을 버는 것이 괜찮다고 생각한다. 다만 나를 불편하게 하는 것은 누군가가 나를 아무것도 모르는 사람처럼 취급하는 것이다. 나는 김 부장의 속임수에 빠지기에는 고객으로서 지식을 너무나 많이 갖추고 있었고, 그래서 김 부장은 나에게 차를 팔지 못한 것이다.

### 지식으로 무장한 새로운 고객

이처럼 오늘날의 고객들은 과거의 고객들과는 확연히 다르다.

요즘은 목적지를 입력하면 가장 빠른 경로를 제시해 주는 내비게이션처럼 고객은 중고차 시세, 거래 이력 그리고 영업사원의 평판까지 실시간으로 파악할 수 있다. 정보의 비대칭은 이미 무너졌고, 이제는 누가 더 진실하게 소통하느냐가 관건인 시대다.

따라서 AI 시대의 영업인은 단순히 상품을 설명하고 설득하는 사람을 넘어, 고객의 수준 높은 정보력과 판단력을 이해하고, 정직함과 신뢰를 바탕으로 진짜 가치를 전달하는 조력자가 되어야 한다. 고객은 더 이상 속지 않는다. 오히려 영업인의 진솔한 태도와 전문성을 바탕으로, 더 많은 돈을 지불할 준비가 되어 있는 경우도 많다.

따라서 정직함, 신뢰 그리고 고객과의 진정한 파트너십이야말로 오늘날 영업인이 갖추어야 할 핵심 역량이다.

## SECTION 1-1
# 영업의 성공을 결정짓는 작은 차이

지식이나 정보가 풍부한 고객들이 빠르게 늘어나고 있다. 요즘 고객들은 인터넷과 인공지능AI를 포함한 다양한 채널을 통해 정보를 검색하고, 어떤 거래가 좋은 조건인지 아닌지를 스스로 판단할 수 있는 자료에 쉽게 접근한다. 그들은 과거 어느 때보다 교육 수준이 높고 스스로 능력이 있다고 느끼며, 키보드를 두드리는 것만으로 세상을 바꿀 수 있다고 믿는다.

이러한 변화는 고객에게는 축복이지만, 기존 영업인에게는 난제로 작용할 수 있다. 고객의 수준이 높아짐에 따라 요구도 달라졌다. 이제 고객은 제품이나 서비스를 파는 사람에게 더 많은 존중과 이해를 기대한다. 즉, 오늘날의 고객을 과거의 고객처럼 대하는 것은 실패로 가는 지름길이다.

고객의 지식수준과 계약 성사에 필요한 기술력 사이에는 분명한 상관관계가 있다. 이는 상식처럼 보이지만 실제로 이를 체감하고 실천하는 영업인은 많지 않다.

이런 변화는 기존 영업 방식에 안주하는 이들에게 큰 어려움을 안긴다. 예전 방식대로 접근한다면, 고객은 금세 거부감을 느끼고, 영업인은 설득에만 에너지를 소모하게 된다. 결국 녹초가 되어 하루를 마치고, 한 주를 탈진한 상태로 끝내는 경우도 많다.

많은 영업인들이 누구보다 열심히 일하지만, 구시대적 전술을 반복하며 고객에게 '들켜버리는' 접근을 사용하고 있다. 설령 좋은 의도를 가진 사람이라 하더라도, 방법이 틀리면 지치고 피곤할 수밖에 없다.

극도의 피로감Burnout은 많은 영업인들이 겪는 공통된 문제다. 그 이유는 단순하다. 지속 가능한 에너지 관리 없이, 고객을 설득하고 거절에 대응하며, 끊임없이 외부를 뛰어다니기 때문이다. 재충전 없이 이어지는 영업 활동은 결국 에너지 고갈로 이어진다. (이 책의 6장에서는 자신감이라는 내적 에너지에 대해 다룰 예정이다.)

궁극적으로, 오늘날 영업의 진짜 가치는 고객의 삶과 비즈니스에 실질적인 가치를 더하는 것에 있다. 그런 영업인만이 지금 같은 환경에서 탁월한 성과를 낼 수 있다.

### SECTION 1-2
## 기존의 영업방식이 더 이상 통하지 않는 MZ 세대 : 구매 코치(Buying Coach)로의 전환

과거 영업의 공식은 명확했다. 제품의 기능과 장점을 논리적으로 설명하고, 고객은 그 정보를 바탕으로 구매를 결정했다. 그러나 현재의 시장, 특히 MZ 세대(밀리니얼+Z세대)가 주요 소비층으로 부상한 환경에서는 이 공식이 더 이상 유효하지 않다. 맥

킨지McKinsey, 2023의 리포트에 따르면, MZ 세대 소비자의 76%는 구매 결정 전 평균 5개 이상의 정보 채널을 스스로 탐색한다. 그들은 이미 제품에 대한 정보를 충분히 알고 있으며, 영업인의 일방적 설명이 아닌 다른 것을 원한다.

딜로이트Deloitte, 2024 보고서에 따르면 MZ 세대는 구매 의사 결정 시 브랜드의 철학, 지속가능성, 윤리성, 다양성 존중과 같은 비물질적 가치 요소를 주요 고려 요인으로 삼는다. 이들에게 구매란 단순한 소비 행위가 아닌 자신의 정체성과 가치관을 표현하는 수단이다.

요즘의 MZ 세대가 실제로 묻는 질문은 이렇다.

"이 제품은 내 가치관과 어떤 관련이 있나요?"
"이 브랜드가 지지하는 사회적 가치는 무엇인가요?"
"왜 내가 지금 이 시점에 이 제품을 써야 하나요?"
"이 제품이 내 라이프스타일과 어떻게 조화되나요?"

하버드 비즈니스 리뷰Harvard Business Review, 2023의 연구에 따르면, MZ 세대 소비자의 67%는 자신의 가치관과 일치하지 않는 브랜드의 제품은 아무리 기능이 뛰어나도 구매하지 않겠다고 응답했다. 이는 영업 접근법의 근본적 변화가 필요함을 시사한다.

이러한 변화는 다양한 산업에서 실제로 나타나고 있다. 화장품 산업을 예로 들어보자. 전통적으로 화장품은 '기능'(미백,

주름 개선, 트러블 완화)을 중심으로 판매되었다. 그러나 현재 2030 소비자들에게 중요한 질문은 "이 제품이 효과적인가?"가 아니라 "이 제품이 나와 맞는가?"이다.

글로벌 화장품 시장조사기관 민텔Mintel, 2024에 따르면, MZ 세대 소비자의 82%가 화장품 구매 시 브랜드의 윤리적 가치(동물실험 여부, 환경 영향, 제조 과정의 투명성)를 '매우 중요한' 결정 요소로 고려한다. 한 MZ 세대 소비자는 이렇게 말한다.

"성분 자체보다 이 브랜드가 진정성 있게 만들었는지, 그리고 내가 이 브랜드를 사용함으로써 지지하는 가치가 무엇인지가 더 중요해요."

여행 산업에서도 이러한 변화가 뚜렷하다. 문화체육관광부의 '2024 MZ 세대 여행 트렌드 분석'에 따르면, 50~60대는 여전히 편리함과 안전성을 중시하며 패키지여행을 선호하는 반면, MZ 세대의 78%는 개인 맞춤형 여행을 선호하며, 이들 중 64%는 여행을 통해 '자기 발견'과 '가치 실현'을 추구한다.

여행 플랫폼 트립닷컴Trip.com의 데이터를 보면 호텔보다 에어비앤비Airbnb 예약이 전년 대비 43% 상승했으며, 대중 관광지보다 로컬 경험 예약이 67% 상승했다. 이는 MZ 세대에게 여행이 단순한 휴식이 아니라 자신의 가치관과 정체성을 표현하는 수단임을 보여준다.

테크 제품 분야에서도 갤럽Gallup, 2024의 조사에 따르면, MZ 세대의 71%는 테크 제품 구매 시 '혁신적 기능' 자체보다 '자신의 생활방식과의 통합 가능성'을 더 중요하게 여긴다. 그들이 인공지능AI 도구나 새로운 앱을 선택할 때 묻는 질문은 "이걸 써서 내 삶이 더 나아지는 구체적인 방식은 무엇인가요?", "내 업무, 취미, 가치관에 맞게 커스터마이징할 수 있나요?"와 같은 것들이다.

더 놀라운 변화는 젠더 경계를 넘는 소비 패턴에서도 볼 수 있다. LG경제연구원2024의 분석에 따르면, 20~30대 남성의 58%가 BB크림, 컨실러, 립밤, 아이브로 등을 정기적으로 사용하며, 이는 5년 전 대비 2.7배 증가한 수치다. 주목할 점은 이들이 화장품을 사용하는 이유가 '외모 개선'보다 '자기표현'과 '자신만의 아이덴티티 구축'을 주된 이유로 꼽았다는 것이다.

이러한 변화는 영업의 본질적 역할 변화를 요구한다. 전통적인 '설명하는 영업인'에서 고객의 가치를 발견하고 구매 여정을 함께하는 '구매 코치'로의 전환이 필요한 시점이다.

구매 코치는 단순히 제품을 판매하는 사람이 아니라, 고객이 자신의 가치관과 니즈에 맞는 최적의 선택을 할 수 있도록 안내하는 조력자다. 하버드 비즈니스 스쿨Harvard Business School의 에이미 에드먼슨Amy Edmondson 교수는 "현대의 영업은 '설득'이 아닌 '발견과 안내'의 과정"이라고 정의한다.

구매 코치가 갖춰야 할 핵심 역량으로는 먼저 '경청과 질문의 기술'이 있다. "무엇이 필요하세요?"가 아닌 "어떤 가치를 중요하게 생각하세요?"라고 묻는 방식이다.

다음으로 '가치 연결의 기술'이 중요한데, 이는 고객의 가치관과 브랜드/제품의 가치를 연결하는 능력이다. 또한 '공동 탐색의 기술'을 통해 고객과 함께 다양한 옵션을 탐색하는 협력적 접근이 필요하며, '맞춤형 스토리텔링'으로 기능 중심 설명이 아닌 고객의 맥락에 맞는 구체적 사용 시나리오를 제시할 수 있어야 한다.

이러한 전환을 위해서는 기업과 개인 영업인 모두의 변화가 필요하다. 기업 차원에서는 영업인에 대한 교육 패러다임을 제품 지식 중심에서 '가치 기반 대화' 스킬 교육으로 바꾸고, 평가 지표도 단기 매출뿐 아니라 '고객 경험 만족도', '관계 지속성' 등 장기적 지표를 도입해야 한다. 또한 고객의 가치관과 라이프스타일을 파악할 수 있는 도구를 개발하는 지원 시스템 구축도 중요하다.

개인 영업인은 질문 중심의 대화 구조를 만들고, 스토리텔링 역량을 강화하며, 일회성 판매가 아닌 고객의 가치 여정에 함께하는 장기적 관계 구축에 집중해야 한다.

갤럽Gallup, 2024의 조사에 따르면, 가치 중심의 코칭 접근법을 도입한 기업들은 MZ 세대 고객 충성도가 평균 47% 증가했으며, 이는 전통적 영업 방식을 유지한 기업들보다 3배 높은 수치다.

결국 미래의 영업은 '무엇을 살지 설득하는 것'이 아니라, '왜 사는지, 어떤 의미가 있는지'를 함께 탐색하는 여정이 될 것이다. 구매 코치로의 전환은 단순한 전술적 변화가 아닌, 영업의 본질에 대한 근본적 재정의다. 그리고 이 변화에 성공적으로 적응하는 기업과 영업인만이 MZ 세대의 마음을 얻고, 지속 가능한 성장을 이룰 수 있을 것이다.

## SECTION 1-3
## 영업의 진정한 목적

영업이라는 직업에 부정적인 이미지가 따라붙는 이유는, 일부 형편없고 부도덕한 영업인의 존재 때문이다. 하지만 영업은 진정으로 명예로운 직업이 될 수 있다. 고객에 대한 존중, 책임감 그리고 진심 어린 서비스 정신을 갖춘다면, 영업은 분명 사회적으로도 인정받는 직업이다.

영업은 본질적으로 사람을 더 행복하게 만드는 기술이다. 좋은 상품을 소개하여 고객의 삶을 편리하게 만들고, 가치 있는 서비스를 통해 그들의 일상을 풍요롭게 만들 수 있다. 어느 경우든, 성공적인 영업인의 핵심 역할은 고객의 삶에 가치를 더하고, 만족과 기쁨을 전달하는 것이다. 하지만 영업인들은 종종 이 사실을 망각한다.

영업이 금전적 보상 중심으로 흐르면서, 그 이면에 담긴 깊은 의미와 목적을 놓치는 경우가 많다. 물론, 영업인에게 경제적 성공은 중요한 동기다. 가족을 더 잘 돌보고 여유 있는 삶을 누리며, 누군가를 도울 수 있는 삶을 원하는 것은 자연스럽고 가치 있는 일이다.

그러나 이 책이 말하고자 하는 핵심은 다음과 같다. 영업은 단지 돈을 버는 수단으로만 접근해서는 안 된다. 오히려 고객을 기쁘게 하고자 하는 진심 그리고 그 진심을 전달할 수 있는 기술과 태도가 바탕이 되어야 한다. 그 결과로 돈은 따라오는 것이다.

과거에는 영업인이 고객을 향한 배려를 어느 정도는 '포장'할 수 있었다. 그러나 오늘날의 고객은 다르다. 훨씬 더 회의적이며, 오직 자신의 실적만을 위한 영업인의 기계적인 태도를 직감적으로 감지해낸다.

이제 진심 없는 영업은 더 이상 통하지 않는다.

## SECTION 1-4
## 고객은 교묘한 기법에 속지 않을 정도로 현명하다

오늘날의 고객은 더 이상 예전처럼 단순하지 않다. 그들은 진심 어린 관심과 전문성을 갖춘 영업인만을 신뢰한다. 기술이 아무리 뛰어나도, 태도와 진정성이 뒷받침되지 않으면 통하지 않는다. 특히 지금은 그렇다.

요즘 고객들은 접근조차 쉽지 않다. 그들은 이메일과 문자, 보이스메일을 거르고, 흔한 세일즈 기법에는 단호하게 반응한다. 예컨대 중고차 매장에서 "가격 조정을 위해 상사와 상담해보겠다"는 말을 들으면, 대부분의 사람들은 이미 그 패턴을 알고 있다는 듯한 눈빛을 보낸다. 신용카드사에서 "당신은 특별 서비스를 받을 자격이 있다"고 말하는 텔레마케터에게, 혹은 "이 플랜에 가입만 하면 6개월 만에 큰돈을 벌 수 있다"는 네트워크 마케터의 말에 이제는 거의 아무도 속지 않는다.

오늘날 우리는 불신의 시대에 살고 있다. 전통적인 영업 방식은 자주 '속임수'로 간주된다. 고객은 자신의 니즈를 경청하는 척하다가, 전혀 관계없는 상품을 권하는 영업인을 더 이상 참지 않는다. 그들은 이미 이런 접근 방식에 면역이 생긴 상태다.

정보 접근도 너무나 쉬워졌다. 디지털카메라 하나를 사려 해도, 20개 브랜드를 몇 초 안에 비교할 수 있다. 심지어 인공지능 AI은 제품별 장단점과 나에게 딱 맞는 제품을 추천까지 해준다. 고객은 이제 더 이상 영업인의 말을 신뢰하지 않는다. 아니, 신뢰할 필요조차 느끼지 않는다.

우리는 정부도 믿지 않는다. 상사의 말도, 때로는 배우자의 말도 의심한다. 그런데 고객이 낯선 영업인의 말을 순순히 믿을 이유가 있을까?

영업인들도 이런 현실을 알고 있다. 그래서 '컨설턴트'라는 이미지를 내세우려 한다. 왜냐하면 고객은 단순히 구매를 권유받기보다 자신의 문제를 함께 고민해 주고, 올바른 결정을 돕는 사람을 원하기 때문이다.

문제는, 그런 전환이 겉모습에만 그친다는 데 있다. 명함만 바꿨을 뿐, 진정으로 고객의 성공을 돕는 구매 코치의 자세나 철학은 따라오지 않는 경우가 많다.

## SECTION 1-5
## 사람들이 명함에 포함시키는 내용

요즘 영업인들이 자신의 타이틀에 얼마나 자주 '컨설턴트'라는 단어를 사용하는지 살펴본 적이 있는가?

인터넷에 '컨설턴트'를 검색해 보면 보험 컨설턴트, 금융 컨설턴트, 자동차 컨설턴트, 부동산 컨설턴트, 학습 컨설턴트, 뷰티 컨설턴트, 건강/다이어트 컨설턴트, 투자 컨설턴트, 창업 컨설턴트, 세무 컨설턴트 등과 같은 다양한 직업들이 등장한다.

이러한 타이틀은 명백히 변하고 있다. 영업인들은 이제 사람들이 단순히 물건을 파는 사람보다는 '컨설턴트'를 원한다는 사실을 깨달은 것이다.

이 얼마나 반가운 변화인가? 영업인들이 드디어 '고객 중심 사고'에 눈을 뜨고, 전문적인 코칭 태도로 전환하고 있는 걸까? 그렇다면 고객들은 지금쯤 감동하고, 환호하고, 구매 버튼을 누르며 '좋아요'를 눌러야 하지 않겠는가?

하지만 현실은 그렇지 않다. 대부분의 변화는 그저 명함을 새로 찍는 수준에 그치고 있다. 타이틀은 '컨설턴트'로 바꿨지만,

생각과 태도는 여전히 옛날 영업 방식 그대로다. 고객이 체감하는 경험은 전혀 달라지지 않았다. 단지 번쩍이는 명함 한 장만 새로 생겼을 뿐이다.

실제로 많은 영업인들은 타이틀만 바뀌었을 뿐 기술도, 철학도, 대화 방식도 바뀌지 않았다. 그 결과, 영업과 고객의 관계는 '씨 뿌린 대로 거두는 것'이 된다. 고객에게 진심으로 집중하지 않고, 깊이 있는 질문도 하지 않고, 경청도 하지 않으며, 정교하게 반응하지 못한다면 그들은 '좋은 컨설턴트'가 아니라, 타이틀만 컨설턴트인 '옛 영업인'일뿐이다.

지금 당신의 명함을 떠올려 보라. 당신은 명함에 적힌 그 타이틀처럼 살고 있는가? '컨설턴트'라는 문구에 걸맞은 질문을 하고, 제안을 하고, 행동하고 있는가?

그렇지 않다면, 문제는 고객이 아니라 당신에게 있다.

### SECTION 1-6
## 성공에서 삶의 의미로

영업인들이 직면하는 마지막 도전이 있다. 그것은 단순한 기술이나 시장의 변화가 아니라, 인생의 어느 시점에서 누구나 겪게 되는 내면의 변화다. 특히 40~50대 중장년을 지나고 있는 이들에게 자주 나타나는 현상이다. 이 시기에는 인생의 방향이 조금씩 달라진다. 더 많은 성공을 향한 욕망에서 더 깊은 의미를 찾으려는 갈망으로 초점이 바뀌는 것이다.

어느 정도 성취를 이룬 사람이라면 누구나 문득 이렇게 생각하게 된다.

'이 삶이 충분한가?'

'지금까지 잘 살아왔지만, 과연 이것이 전부일까?'

이 시점에 이르면, 사람들은 단순한 성과나 지위를 넘어, '내가 어떤 흔적을 남기고 있는가?', '이 일이 누구에게 어떤 영향을 주고 있는가?'를 고민하게 된다.

많은 영업인들이 이 순간, 자신의 직업에서 의미를 찾기 어려워한다. '그저 이 제품을 팔기 위해 사람들을 설득하는 일이 정말 나의 사명인가?' 등의 질문이 마음을 스치고, 때로는 공허함이 밀려온다. 심지어 고소득을 올리고 있는 사람들조차 마찬가지다. 그들은 더 이상 얼마를 벌었는가 보다, 누구에게 어떤 가치를 주었는가에 관심을 갖기 시작한다.

놀라운 사실은 적절한 기술과 마음가짐만 있다면, 영업이라는 직업을 통해서도 충분히 삶의 깊은 의미와 가치를 발견할 수 있다는 점이다.

인생의 전환기를 성공적으로 통과한 사람들은 이렇게 말한다.

"내가 어떤 자리에 있었는가 보다, 그 자리를 어떻게 수행했는가가 더 중요하다."

이 책에서 소개하는 '3D 모델'은 단지 실적을 올리기 위한 도구가 아니다. 이 모델은 영업이라는 일에 철학을 더하고, 고객과 자신 모두의 삶에 긍정적인 흔적을 남기는 방법을 제시한다.

영업을 통해 성공을 넘어서 의미를 찾고 싶은가? 그렇다면 이제 일의 방식을 바꿔야 할 때다.

## SECTION 1-7
## 영업 기술과 접근법을 왜 변화시켜야 하는가?

그렇다면 우리는 왜 지금, 스스로를 변화시켜 더 진화한 영업인으로 성장해야 하는가? 그 이유는 다음과 같다.

고객의 수준은 높아졌고, 여전히 과거 방식에 머무는 영업인은 공룡처럼 사라질 운명이다. 기존의 영업 방식은 시간과 에너지를 과도하게 소모하고, 결과적으로 고객의 저항감만 키운다. 그 방식은 고객의 삶에 진정한 가치를 더하지 못한다. 결국 영업의 본질적 사명을 외면하게 된다.

오늘날의 고객은 정보에 밝고, 똑똑하며, 통제하려는 시도에는 민감하게 등을 돌린다. '컨설턴트'라는 타이틀을 쓴다고 해도, 행동이 과거와 같다면 고객의 기대는 무너진다.

무엇보다도, 새로운 방식으로 영업을 시도하는 것 자체가 영업인으로서의 삶에 더 큰 의미와 영향력을 부여하는 길이 될 수 있다.

진정한 영업인이라면 이런 변화의 필요성을 굳이 설명하지 않아도 이미 알고 있다. 그들은 늘 성장의 길 위에 있고, 그것을 실천해 간다.

이 책은 바로 그런 성장을 원하는 영업인을 위한 책이다. 지금 우리가 마주한 '영업의 위기'에 대해 독자 여러분도 이미 인식하고 있다고 전제하고, 앞서 언급한 문제 하나하나에 대해 보다 효과적이고 지속 가능한 해법 그리고 더 큰 영향력과 금전적 보상을 동시에 얻을 수 있는 실천적 접근법을 제시하고자 한다.

이 위기의 해답은 단순한 '영업 스킬 업그레이드'가 아니라, 영업인 또는 컨설턴트라는 역할을 넘어, 고객의 성공을 돕는 '구매 코치'라는 새로운 정체성을 갖는 것이다.

## SECTION 1-8
## 당신은 1퍼센트 더 나아질 수 있는가?

어떤 분야든 정상에 선 사람들은 실제로 다른 사람보다 50%나 더 뛰어난 것이 아니다. 진짜 차이는 불과 1~2%의 차이에 불과한 경우가 많다.

손흥민 선수를 떠올려보자. 그는 다른 축구 선수들보다 두 배 빠르거나 체력이 월등히 좋은 것은 아니다. 하지만 단 1~2%의 움직임, 집중력, 판단력의 차이가 그를 월드클래스 선수로 만들었고, 수백억 원의 가치를 창출하게 했다.

영업도 마찬가지다. 지금 당신이 스스로 '꽤 괜찮은 컨설팅 영업을 하고 있다'고 느낄지라도, 이 책은 당신의 영업에 1~2%의 정밀한 차이를 더할 수 있도록 돕기 위해 쓰였다. 그 핵심이 바로 '코칭형 영업'이다.

코칭은 단순한 기술이 아니다. 고객이 스스로 해답을 찾아가도록 돕는 대화법이며, 기존의 컨설팅 접근과 결합할 때 훨씬 더 강력하고 신뢰받는 영업 방식이 된다. '코칭 영업'은 고객과의 관계에서 진실의 순간을 돌파하게 만들고, 진정한 신뢰와 영향력을 형성하게 한다. 그리고 그 과정에서 고객은 물론, 당신 자신의 삶에도 의미 있는 흔적을 남길 수 있게 된다.

그 작지만 결정적인 1퍼센트의 변화, 이제 그 첫걸음을 이 책과 함께 시작하자.

## SECTION 1-9
## 코칭의 핵심

누구나 아이에게 무언가를 가르치려다 화가 치밀었던 경험이 있을 것이다. 하지만 진짜 변화는 아이가 스스로 그 의미를 깨달았을 때 찾아온다. 성인도 마찬가지다.

우리 모두는 누군가가 설명하고 설득하려 들면 자연스럽게 방어 태세를 취한다. 오늘날 고객은 단순히 말을 듣는 사람이 아니다. 그들은 이미 검색을 통해 정보를 알고 있고, 실제 경험담과 피해 사례에 민감하며, 누군가가 말로 설득하려 할 때 마음을 닫는다. 그래서 진정한 영업인은 무엇을 말하느냐보다, 무엇을 질문하느냐가 더 중요하다. 바로 이 지점에서 '코칭'이 시작된다. 코칭의 핵심은 고객 스스로 해답에 도달하도록 돕는 것이다.

몇 년 전, 나는 가족과 함께 쉴 수 있는 전원주택을 알아보고 있었다. 하지만 유튜브YouTube에서 본 피해 사례 부실시공, 추가요금, 공사 지연들 때문에 마음이 무거웠다.

박람회장에서 두 명의 상담사를 만났다. 첫 번째 상담사는 말했다.

"저희는 다릅니다. 저희 자재는 최고고, 단열도 완벽합니다. 유튜브 영상에 나오는 건 전부 극단적인 경우입니다."

그는 말을 멈추지 않았고, 나는 점점 지쳐갔다.

'또 말로 설득하려는 사람이구나.'

이것이 내 솔직한 반응이었다.

두 번째 상담사는 나를 앉히더니 조용히 말했다.

"요즘 많이들 불안해하시죠. 혹시 선생님은 어떤 부분이 가장 걱정되세요?"

나는 쏟아내듯 말했다.

"공사 지연, 말 안 된 추가 비용, 입주하고 나서 하자 생기는 거요."

그는 끼어들지 않았다. 듣고, 고개를 끄덕이고, 한참이 지난 뒤에 이렇게 말했다.

"그럼 이 집이 선생님 가족에게 정말 맞는 선택인지, 함께 확인해 볼 수 있도록 몇 가지만 질문드려도 될까요?"

그리고 나에게 질문을 던졌다.

"이 집에서 주말마다 가족이 가장 많이 모이는 공간은 어디가 되었으면 하시나요?"

"아내분이 가장 걱정하는 부분은 무엇인가요?"

"가족들끼리 안전하게 지낼 수 있도록 어떤 구조가 필요할까요?"

"이 공간이 '좋은 집'이 아니라, '좋은 시간'을 주는 곳이 되었으면 좋겠다고 생각하세요?"

나는 하나씩 대답하며, 어느 순간 마음속 그림을 그리고 있었다. 그리고 그 그림 속에는 그가 제안한 모델이 들어와 있었다. 내가 그 집을 선택하게 된 건, 그가 말로 설득했기 때문이 아니라, 내가 스스로 '이 집이 맞다'고 결론 내리게 도와줬기 때문이었다.

이것이 바로 코칭이다. 그 상담사는 세일즈맨이 아니었다. 그는 코치였다. 그는 말하지 않고, 물었고, 들어줬다. 내가 어떤 삶을 원하는지를 스스로 떠올리게 도왔다.

| | 낡은 사고방식 | 코치의 패러다임 |
|---|---|---|
| 영업인의 가장 강력한 도구 | 상품 지식 | 고객과의 관계 |
| 만남의 목적 | 계약 | 필요 충족 |
| 영업인의 역할 | 솔루션 제공 | 고객와 함께 솔루션 찾기 |
| 고객에 접근하는 법 | 정보를 얻은 다음 필요성을 충족하는 해답을 제공한다. | 고객이 필요성과 솔루션을 발견하도록 안내한다. |
| 영업인의 가장 훌륭한 기술 | 설득 | 효과적인 질문하기 |
| 조언 | 일방적인 조언 | 최소한의 조언 |
| 에너지의 역할 | 영업인의 에너지는 대화를 끌어가는 데 사용되므로 대화를 한 만큼 소모된다. | 대화는 영업인과 고객 모두를 위한 에너지를 창출한다. |
| 클로징 방법 | 모든 거절에 대한 준비된 대응 및 클로 | 코칭 대화법을 따른 후 고객에게 그들의 관점이나 니즈 묻기 |

그 과정에서 내가 내린 결론은, 그 무엇보다 설득력이 강했다. 왜냐하면 남이 만든 정답이 아니라, 내 안에서 나온 답이었기 때문이다.

코칭의 본질은 '발견'에 있다. 진정한 코칭은 이렇게 묻는다.

"내가 설명하지 않아도, 고객이 스스로 깨달을 수 있도록 도울 수 있을까?"

그 질문이 가능할 때, 설명은 줄고, 신뢰는 늘며, 거래는 설득이 아닌 '선택'이 된다.

# 실행과제

## 실행과제 1 : 최고의 코치

지금껏 만나본 코치 중에서 최고였던 사람을 묘사해 보라.

회사, 스포츠, 가정 등 여러 방면에서 예를 찾을 수 있다. 그 코치에 대해 묘사해 본 후 그 코치가 가지고 있었거나 우리가 높이 평가했던 열 가지 자질을 나열해 보라. 다시 말해 그 사람을 위대한 코치로 만들었던 열 가지 기준을 적어보라.

내가 경험한 최고의 코치는?

_____

내가 경험한 최고의 코치를 묘사하는 단어나 문장은?

_____

이 사람을 위대한 코치로 만든 열 가지?

1. _____
2. _____
3. _____
4. _____
5. _____
6. _____

7. _____
8. _____
9. _____
10. _____

## 실행과제 ❷ : 우리의 코치 평가하기

다음은 효과적인 코치들을 묘사할 때 사용하는 일반적인 단어나 문자를 나열한 것이다. 아래의 리스트를 이용하여 우리의 코치는 다음 자질을 얼마나 잘 보여 주는가 하는 면에서 1~5 사이의 점수를 매겨 보라.

**존경할 만하다**

❶ 전혀 그렇지 않다 ❷ 약간 그렇다 ❸ 보통이다 ❹ 아주 그렇다 ❺ 완벽하다

**나의 말에 귀를 기울인다**

❶ 전혀 그렇지 않다 ❷ 약간 그렇다 ❸ 보통이다 ❹ 아주 그렇다 ❺ 완벽하다

**나의 목표를 안다**

❶ 전혀 그렇지 않다 ❷ 약간 그렇다 ❸ 보통이다 ❹ 아주 그렇다 ❺ 완벽하다

**나의 대답을 이끌어 낸다**

❶ 전혀 그렇지 않다 ❷ 약간 그렇다 ❸ 보통이다 ❹ 아주 그렇다 ❺ 완벽하다

나의 능력을 이끌어 낸다

**1** 전혀 그렇지 않다 **2** 약간 그렇다 **3** 보통이다 **4** 아주 그렇다 **5** 완벽하다

나를 배려한다

**1** 전혀 그렇지 않다 **2** 약간 그렇다 **3** 보통이다 **4** 아주 그렇다 **5** 완벽하다

나를 신뢰한다

**1** 전혀 그렇지 않다 **2** 약간 그렇다 **3** 보통이다 **4** 아주 그렇다 **5** 완벽하다

더 많은 것을 하도록 나를 격려한다

**1** 전혀 그렇지 않다 **2** 약간 그렇다 **3** 보통이다 **4** 아주 그렇다 **5** 완벽하다

나에게 감동을 준다

**1** 전혀 그렇지 않다 **2** 약간 그렇다 **3** 보통이다 **4** 아주 그렇다 **5** 완벽하다

나와 세밀하게 논의한다

**1** 전혀 그렇지 않다 **2** 약간 그렇다 **3** 보통이다 **4** 아주 그렇다 **5** 완벽하다

위의 특성 중에 영업인으로서 우리가 보여주고 싶은 특성이 무엇인지 고민해 보라.

## SECTION 2

# 영업에 대한
# 구조적이고 체계적인 접근 :
# 컨설팅 영업과 코칭의 통합

"나는 고객들이 무엇을 원하는지 묻기 전에 그들이 누구인지 파악하는 시간부터 마련한다."
— 23년차 보험영업인

"나쁜 습관은 침대와 같아서 들어가기는 쉬워도 빠져 나오기는 힘들다."
— 미상

## 개요

"체계와 원칙이 없는 영업은 설계도 없는 건축과 같다."

최근 '코칭'은 비즈니스와 리더십 현장에서 가장 주목받는 키워드 중 하나다. 하지만 여전히 사람마다 해석이 다르다. 어떤 이는 피드백이라 말하고, 또 어떤 이는 질문 중심 소통이라고 한다. 그만큼 코칭은 확장성 있는 개념이자, 동시에 오해받기 쉬운 개념이다.

이 장에서는 '컨설팅 영업'과 '코칭'이라는 두 가지 접근법을 하나의 실전형 모델로 통합해 소개한다.

핵심은 이렇다. 분석과 제안 중심의 컨설팅 기술에 질문과 경청 중심의 코칭 기술을 결합하면, 어떤 개인이나 조직도 영업의 질을 획기적으로 높일 수 있다.

이 모델은 다음과 같은 사람들에게 강력한 도구가 될 것이다.

― 지금보다 더 나은 성과를 원하는 영업인
― 팀과 조직의 퍼포먼스를 끌어올리고 싶은 영업 관리자
― 고객과의 관계를 단순한 거래에서 지속 가능한 파트너십으로 전환하고 싶은 모든 사람

**코칭, 그리고 영업 현장의 현실**

2000년대 초반 한국에 소개된 '코칭'은 이제 조직 리더십의 핵심 역량으로 자리 잡았다. 기업들은 관리자들을 전문 코치로 양성하고 있고, 라이프 코칭도 상담과 결합돼 대중화되었다.

일부 해외 선진 기업들은 이미 오래전부터 영업 현장에 코칭을 접목해, 영업인들에게 질문하고 경청하는 법을 체계적으로 훈련시켜 왔다. 하지만 우리의 현실은 다르다.

대부분의 영업 조직은 여전히 코칭을 영업에 적용하지 못하고 있다. 그 이유는 명확하다. 영업인들은 스킬 교육과 롤플레잉을 부담스러워하고, 관리자들은 가르칠 시간도, 방법도 없으며, 무엇보다도 인공지능AI과 디지털로 시장이 완전히 바뀌었음에도, 고위 영업 관리자들은 실적에 쫓겨 과거 방식을 고수하고 있기 때문이다.

하지만 지금까지의 방식이 익숙하다고 해서 효과적이라는 뜻은 아니다. 이대로라면 머지않아 영업 조직 전체가 경쟁력을 잃고 무너질 위험에 처하게 된다.

이제는 설득의 시대가 아니다. 인공지능으로 무장한 고객 앞에서 필요한 것은 스스로 결정하게 돕는 '코칭 기반의 영업'이다.

팔지 말고, 코칭하라. 그것이 인공지능 시대, 고객과 시장을 움직이는 유일한 방법이다.

## 현장 경험

**"아무리 베테랑이라도 체계를 벗어나지 않는다"**

몇 해 전, 김포공항에서 출장을 위해 비행기를 기다리고 있던 중, 우연히 다른 항공편을 조종하는 한 기장과 대화를 나눌 기회가 있었다. 그는 30년 가까운 비행 경력을 가진 베테랑 기장이었고, 말투나 태도에서도 묵직한 신뢰감이 느껴졌다.

나는 가볍게 이렇게 물었다.

"기장님, 비행기 이륙 전에 조종석에서는 어떤 일을 하세요?"

그는 잠시 웃더니 이렇게 답했다.

"항상 하던 일을 하죠. 정해진 순서대로요."

그는 설명했다. 이륙 전에 점검하고 눌러야 할 체크리스트 항목이 50가지가 넘고, 착륙 후 엔진을 끄기 전에도 매뉴얼에 따라 20개가 넘는 과정을 거쳐야 한다고 했다. 그리고 덧붙였다.

"그 순서와 구조는 한 치도 벗어나지 않습니다. 아무리 베테랑이라도 '이번엔 대충 해도 되겠지'라는 건 있을 수 없어요."

나는 다시 물었다.

"기장님처럼 그렇게 오랜 경험이 있으신데도 매번 똑같이 하시는 건가요?"

그는 단호하게 말했다.

"당연하죠. 오히려 숙련된 조종사일수록 기본을 반복합니다. 정확한 절차가 결국 비행의 안전을 지키는 유일한 방법입니다."

'매번 같은 절차를 따른다'는 그의 말에, 나는 오히려 더 안심이 되었다. 조종사가 그때그때 판단하는 게 아니라, 철저한 프로세스에 따라 움직인다는 사실이 신뢰로 느껴졌기 때문이다. 사람의 생명이 걸린 일 앞에서, 경험보다도 더 중요한 것이 체계와 원칙이라는 사실을 실감할 수 있었다.

그런데 놀랍게도, 대부분의 영업인들은 그렇게 하지 않는다. 많은 영업인들이 본능에 의존하거나, 상황에 따라 즉흥적으로 반응한다. 말을 바꾸고, 순서를 바꾸고, 감에 의존하며 고객 앞에 선다. 그 결과는 예측 가능하지 않고, 재현되지 않으며, 때로는 성과 대신 에너지 소진과 후회를 남긴다.

이 장에서는, 그런 방식에서 벗어나 영업 활동에도 기장의 체크리스트처럼 체계와 구조를 갖춘 모델이 필요하다는 관점에서 컨설팅 영업과 코칭을 결합한 구조적이고 반복 가능한 접근법을 소개할 것이다.

## SECTION 2-1
# 컨설팅 영업이란 무엇인가?

2000년대 초반부터 영업 분야에 '컨설팅 영업'이 도입되며 영업 방식은 큰 전환점을 맞이했다. 이 변화가 중요한 이유는 기존의 '설득 중심'에서 벗어나 고객의 필요와 욕구를 파악하는 대화 중심의 접근으로 이동했기 때문이다.

이는 영업에 있어 하나의 패러다임 전환이었다. 과거의 전통적인 영업 기법은 '정보 제공'과 '설득'에 기반을 두고 있었다. 영업인들은 관계 맺기, 거절 처리, 클로징 스킬을 중심으로 훈련받았으며, 대부분의 교육은 "어떻게 하면 고객이 우리 상품을 사게 할 것인가?"에 집중되어 있었다. 정작 "이 상품이 고객에게 정말로 필요한가?"라는 질문은 거의 없었다.

컨설팅 영업은 이런 관행에 질문을 던졌다. 영업인은 이제, 구매를 권유하기 전에 먼저 고객의 진짜 필요를 깊이 이해해야 했다. 그 결과 영업인들은 다음과 같은 핵심 과제에 집중하기 시작했다.

— 고객의 니즈를 발견하는 방법
— 고객의 문제와 상품의 혜택을 연결하는 방법
— 단기 거래가 아닌 장기 관계를 설계하는 방법
— 네트워크를 통해 지속 가능한 신뢰 기반을 만드는 방법

많은 영업인들은 이 접근을 더 인간적이고, 고객을 존중하는 방식으로 받아들였다. 실제로 고객의 진짜 필요를 이해하려는 노력은 영업의 품격을 높였다. 그러나 현실은 그리 간단하지 않다.

중간 수준의 영업 역량을 가진 다수의 영업인들은, 컨설팅 영업을 형식적으로 흉내 내는 데 그치고 말았다. 그들은 고객에게 질문은 던지지만, 그 질문이 진짜 관심에서 나온 것인지, 결국은 설득으로 이어질 것인지 고객은 금세 눈치챈다. 압박 질문, 선택 질문, 겁주기 질문 등이 대표적인 사례이다.

결국 대화는 정보 수집에 불과했고, 곧바로 일방적인 설명과 긴 독백으로 흐르게 된다. 과거에는 이런 방식도 어느 정도 통했지만, 지금은 고객의 거부감을 일으키고 신뢰를 깨는 치명적인 오류가 되고 있다. 따라서 컨설팅 영업이 지금보다 더 정교하고 신뢰받는 방식으로 진화하기 위해서는 한 단계의 점프가 필요하다.

대부분의 영업인들이 고객을 발굴하고 상담까지는 잘하지만, 마지막 결정적인 순간, 고객의 신뢰를 행동으로 바꾸는 그 순간에서 자주 멈추고 만다.

그 순간을 넘는 해법은 의외로 단순하다. 바로, 컨설팅 영업에 '코칭 기술'을 결합하는 것이다. 코칭은 고객이 스스로 자신의 니즈와 해법을 발견하도록 돕는 접근이다. 이 철학이 더해질 때, 컨설팅 영업은 더 진정성 있고, 더 효과적인 방식으로 진화하게 된다.

이 장에서는 컨설팅 영업의 본질을 짚고, 그 위에 코칭의 철학과 기술을 결합하는 방법, 그리고 그것이 어떻게 결정적인 순간 고객의 마음을 움직이는 힘이 되는지를 살펴볼 것이다.

## SECTION 2-2
## 코치란 무엇인가?

'코치'라는 단어는 요즘 비즈니스와 교육, 스포츠를 넘어 다양한 영역에서 널리 쓰이고 있다. 하지만 사람마다 그 뜻을 다르게 해석하기 때문에 오히려 오해도 많다.

나는 과거 한 대형 보험사에서 진행한 워크숍에서 흥미로운 실험을 했다. 참가자들에게 두 개의 이름표 중 하나를 선택하라고 했다. 하나는 '재정 컨설턴트', 다른 하나는 '재정 코치'였다. 나는 대부분이 '재정 코치'를 고를 거라고 예상했다. 요즘 시대엔 '코치'라는 이미지가 더 따뜻하고 관계 중심적이기 때문이었다. 그런데 놀랍게도 결과는 반반이었다.

더 흥미로웠던 건, '코치'를 고르지 않은 이유였다. 그들의 반응은 이러했다.

"코치는 사람들에게 이래라저래라 하잖아요. 저는 그런 역할을 하지 않아요."

"코치는 선수들을 괴롭히는 사람 아닌가요? 저는 고객에게 그렇게 못 합니다."

"코치는 그저 동기만 부여하는 이미지라 제 역할과 맞지 않아요."

"저는 고객을 휘두르기보다는 안내하는 사람이에요."

나는 충격을 받았다. 왜냐하면 그들이 '코치'에 대해 부정적으로 생각하는 이유가, 내가 스스로를 '코치'라고 정의하는 이유와 정반대였기 때문이다.

다시 말해, 나는 훌륭한 코치는 결코 상대에게 명령하거나 지배하지 않는다고 믿는다. 오히려 코치는 상대방이 스스로 잠재력을 발견하고 성장하도록 돕는 존재다. 물론 과거에는 위계적이고 권위적인 스타일의 코치도 존재했다.

예컨대 과거 한국 스포츠계에도 위계적이고 강압적인 리더십이 일반적이던 시절이 있었다. 거친 언행과 혹독한 훈련을 통해 팀을 장악하고, 때로는 선수들의 충성심을 얻기도 했지만 동시에 많은 반발과 논란을 낳았다. 그러나 오늘날과 같은 시대에는 신뢰와 팀워크 중심의 리더십이 훨씬 더 효과적인 결과를 만들어내고 있다.

대표적으로, 손흥민 선수의 아버지이자 유소년 코치인 손웅정 감독은 아들을 세계적인 선수로 성장시키기까지 기술보다 인성, 자율성과 책임감을 강조해 왔다. 그는 아들에게 직접 지시하기보다는 스스로 판단하고 깨달을 수 있도록 묻고 기다리는 코칭 방식을 실천해왔다.

또한, 김경문 전 국가대표 야구 감독은 선수들의 개성과 능력을 존중하고, 중요한 순간에 신뢰를 기반으로 책임을 맡기며 자율성을 이끌어내는 리더십으로 잘 알려져 있다. 억압보다는 팀워크와 소통을 바탕으로 조직의 역량을 극대화했던 그는, 선수들 사이에서도 깊은 신뢰를 받는 지도자였다. 이처럼 오늘날에는 강압보다 이해와 존중 그리고 코칭적 태도가 더 큰 성과와 감동을 만들어내고 있다.

따라서 나는 참가자들이 가진 코치에 대한 고정관념을 바꾸기 위해, 다음과 같은 활동을 이어갔다. 그들에게 짝을 지어 "당신이 만난 최고의 코치는 누구였는가?"라는 질문을 던지고, 그 경험을 서로 나누게 한 것이다.

이야기를 마친 후, 나는 그들에게 자신이 떠올린 훌륭한 코치의 자질을 정리하게 했다. 그 결과 다음과 같은 공통된 특징들이 나왔다.

― 나를 진심으로 신뢰해 주었다.
― 내가 생각한 것보다 더 큰 가능성을 보아주었다.
― 나를 알기 위해 시간과 노력을 들였다.
― 올바른 방향으로 나아가도록 격려해 주었다.
― 내 말에 귀 기울여주었다.

— 나를 존중해 주었다.

— 자신감을 심어주었다.

— 영감을 주는 말로 내 삶을 움직이게 했다.

이 과정을 통해, 사람들은 '코치'라는 단어에 담긴 의미를 다시 생각하게 되었다. 분위기는 눈에 띄게 달라졌다. 방 안에는 긍정적인 에너지가 가득 찼고, 참가자들의 얼굴에는 자연스러운 미소가 번졌다. 각자가 인생에서 만났던 진짜 코치를 떠올리며, 그 영향력과 따뜻함이 다시 살아나는 듯한 순간이었다.

이처럼 훌륭한 코치는 결코 지시하거나 통제만 하는 사람이 아니다. 코치는 상대방이 자신의 가능성과 해답을 스스로 발견할 수 있도록 돕는 파트너이며 신뢰와 존중, 성장을 이끄는 조력자이다. 그리고 이 철학은 오늘날의 영업, 리더십, 교육, 상담, 서비스 등 모든 사람 중심의 활동에서 더욱 중요한 역할을 하게 될 것이다.

## SECTION 2-3
## 영업에서 코칭의 정의

영업에서 내가 제안하는 코칭의 정의는 다음과 같다. 영업에서 코칭이라는 접근을 택한다는 것은 단지 고객에게 제품이나 서비스를 전달하는 것을 넘어, 고객과의 관계 자체를 보다 본질적으로 다루는 것을 의미한다.

이 관계는 존중, 안전, 도전, 책임감 같은 정서적 환경을 조성하며, 그 안에서 모든 이해관계자가 최적의 해법을 함께 찾고, 성공적이고 의미 있는 결과를 만들어낼 수 있도록 동기를 부여하게 된다. 결국 이는 고객의 비즈니스뿐 아니라 삶에도 긍정적인 영향을 미치는 연결고리가 된다.

이런 이야기가 다소 이상적으로 들릴 수도 있다. 과연 영업이 이처럼 고결한 목적을 품을 수 있을까? 그러나 이 정의의 핵심에는, 비즈니스 현장에서 고객을 섬긴다는 것이 과연 무엇을 의미하는지를 진지하게 성찰하려는 태도가 담겨 있다. 고객의 삶에 미치는 영향이 모호한 추상이 아니라, 실제로 구체적인 결과로 이어질 수 있다는 확신이 있다. 고객의 삶과 비즈니스 모두에 진심으로 기여할 수 있을 때, 그들은 단기 고객이 아니라 평생 고객이 되기 때문이다.

|  | 삶에 도움을 준다<br>—아니다 | 삶에 도움을 준다<br>—그렇다 |
|---|---|---|
| **비즈니스에 도움을 준다**<br>**—아니다** | 관계없음 | 친구관계 |
| **비즈니스에 도움을 준다**<br>**—그렇다** | 영업인 | 신뢰받는 코치 |

앞의 표는 코칭과 컨설팅 분야에서 흔히 사용된다. 어떤 사람이 당신의 비즈니스나 당신의 인생, 또는 양쪽 다에 도움이 되는지 여부를 고려해 본 다음 오른쪽 빈칸에 체크 표시를 하면 된다.

이 표를 활용하려면 다음 사항을 고려해 보면 된다.

상대의 비즈니스에 도움이 되지 않고 삶에도 도움이 되지 않는다면, '관계없음' 상태다. 상대의 삶에 도움이 되지만 당신의 비즈니스에는 도움이 되지 않는다면, '친구 관계'와 비슷하다. 비즈니스에 도움이 되지만 인생에는 영향이 없다면, '영업인'이다. 비즈니스에 도움이 되고 삶에도 도움이 된다면, '신뢰받는 코치'가 된다.

다시 말해, 좋은 상품을 제안하여 고객의 비즈니스에 도움이 된다면, 고객에게 신뢰할 만한 영업인으로 인식될 수 있다. 그러나 그 상품이 고객의 목적을 달성하도록 돕고, 수익을 높이며 동시에 삶의 질에도 긍정적 영향을 미친다면, 신뢰받는 코치로 자리매김할 수 있다. 그러니 스스로에게 질문해 보라.

"나는 단지 영업인이 되고 싶은가, 아니면 고객의 삶과 비즈니스 모두에 영향을 주는 신뢰 받는 코치가 되고 싶은가?"

이 질문에 대한 대답은 언제나 자기 자신에게 달려 있다.

## SECTION 2-4
# 보편적 코칭 모델에서 핵심 신념

코칭의 핵심을 들여다보면 그 근저에는 고객을 바라보는 관점이 자리하고 있다. 일반적으로 사람과 고객에 대한 존중과 믿음의 수준은 영업 활동 속에서 코칭 철학을 진정으로 받아들일 수 있는지를 결정짓는 중요한 요소다.

아래는 대부분의 코치 훈련 프로그램에서 공통적으로 제시되는 코칭 철학의 핵심 신념들이다.

**코치는**
— 창의적이고 유능한 존재로서, 고객을 돕는다.
— 고객의 관심사와 연결될 때 더 큰 동기부여가 가능하다.
— 코칭 관계에는 상호 존중, 신뢰, 솔직함이 필요하다.
— 고객이 장애물을 극복할 수 있도록 도와야 한다.
— 고객이 책임을 다하고 행동을 강화하도록 지원한다.
— 이러한 철학은 영업 현장에도 고스란히 적용될 수 있다.

**영업인은**
— 고객이 최고의 구매 결정을 내릴 수 있는 창의적 존재임을 신뢰한다.
— 고객의 관심사에 연결될 때 더 강한 동기와 반응을 이끌어낸다.

— 진정성 있는 거래 관계는 높은 수준의 신뢰를 기반으로 구축된다.
— 고객이 직면한 장애물을 함께 해결해 나가는 조력자다.
— 고객이 스스로 책임감을 갖고 결정할 수 있도록 돕는다.

이러한 철학을 진심으로 믿는 일이 쉽지 않을 수도 있다. 혹은 믿는다 해도 실제 행동으로 옮기기에는 어렵다고 느낄 수도 있다. 만약 이 철학이 정말로 영업 성과에 도움이 될지 의심된다면, 오히려 그것이 바람직한 태도일 수 있다. 그 의심은 독자가 이 책을 무조건 수용하는 대신, 스스로 질문하고 숙고하고 있다는 증거이기 때문이다.

바로 그런 사고방식을 가진 사람이야말로 코칭 모델에 적합한 사람이다. 자신에게 진정으로 맞는다고 느끼는 순간, 그 철학을 자신의 영업 스타일에 자연스럽게 통합할 수 있게 될 것이다.

나는 안내자 역할을 할 것이다. 그러나 코칭의 영향력을 진정으로 발견하고 자신의 것으로 만드는 과정은 독자 스스로가 경험하고 체화해야 할 몫이다.

### 유능한 코치는

— 고객의 목표와 동기 요인을 이해한다.

— 효과적인 질문을 던진다.

— 경청한다.

— 신중하게 사고하고, 명확하게 표현한다.

― 전략을 세우고 문제 해결을 돕는다.
― 목표 달성의 장애물을 극복할 수 있도록 돕는다.
― 고객이 행동하고 해답에 도달하도록 유도한다.

나는 이 모든 역량이 탁월한 영업 상황을 만들어내는 데 필수적인 자질이라고 믿는다. 다음 장에서는 이러한 능력 하나하나를 보다 구체적으로 살펴보고자 한다.

### SECTION 2-5
## 주기 - 받기/주기 - 안내하기

컨설팅 영업과 코칭의 철학 및 기술을 결합하면, 고객을 돕고 영업 성과를 높이는 강력한 모델이 탄생한다. 이를 이해하기 위해 '주기give', '받기/주기get/give' 그리고 '안내하기guide'라는 개념을 통해 기존의 영업 방식과 코칭 영업을 비교해 볼 수 있다.

### 주기(give) : 정보를 주입하는 설득 중심 방식

전통적인 영업 모델은 고객에게 정보를 '주는' 것에 초점이 맞춰져 있다. 즉, 충분하고 설득력 있는 정보를 제공하면 고객이 구매할 것이라는 사고에 기반한다. 이 방식에서 대화는 대부분 영업인의 몫이며 정보 전달과 설명 중심의 설득이 핵심이 된다.

이런 영업인은 말이 많고 설득력 있는 사람이 유리하며, 영업 프로세스의 대부분을 자신이 주도한다. 극단적으로 말하자면, 전통적인 '주기' 방식은 고객에게 휴가를 어디에서 보내야 하는지 일방적으로 설명해 주는 가이드와 같다. 고객이 해변을 좋아하는지, 산을 선호하는지, 혹은 유럽에 관심이 있는지조차 물어보지 않은 채 말이다.

 **Example**

전통적인 영업은 고객에게 일방적으로 정보를 제공하고 설득하는 데 초점을 맞춘다. 대화는 대부분 영업인이 주도하며, 고객의 상황이나 니즈에 대한 탐색 없이 제품의 장점만 강조된다.

### [ 보험 예시 ]

**영업인 :** "안녕하세요! 요즘 암보험 정말 중요하신 거 아시죠? 저희 상품은 암 진단 시 최대 5천만 원까지 보장되고요, 입원비, 통원비도 커버됩니다. 지금 가입하시면 보험료도 저렴하니까 빠르게 결정하세요."

**고객 :** "…아직 생각을 안 해봤는데요…."

### [ 자동차 예시 ]

**영업인 :** "이 차 보세요! 디자인도 좋고 연비도 탁월합니다. 지금 연말 세금 감면까지 받으실 수 있어요. 바로 계약하시죠!"

**고객** : "…다른 것도 좀 더 알아보고 싶은데요…."

*해설 : 고객의 맥락을 무시한 채 정보를 쏟아붓는 방식. 오히려 고객에게 부담을 주고 거리감을 만든다.

### 받기/주기(get/give) : 질문은 있으나 결국 정해진 답안 제공

전통적인 영업 방식에서 진화한 컨설팅 영업은 보다 환영할 만한 변화다. 컨설팅 영업은 먼저 고객에게서 정보를 '받고', 그에 따라 필요한 솔루션을 '제공하는' 방식이다. 이 접근은 고객의 니즈를 이해하고 그에 맞는 해결책을 제시한다는 점에서 진일보한 형태다.

그러나 현실에서는 이 모델이 자주 변질된다. 질문 몇 개를 던진 후, 곧바로 기존 방식처럼 영업인의 일방적인 독백으로 넘어가는 경우가 많다. 본래 컨설팅 영업은 고객의 필요를 진지하게 경청하고, 문제를 분석하며, 적절한 솔루션을 제시하는 것을 목표로 한다. 하지만 여전히 많은 경우, 이 방식은 고객이 원한 것일 수도 아닐 수도 있는 제안을 위해 간단한 질문 몇 개만 던지는 수준에 머문다.

비유하자면, 이는 여행 가이드가 고객에게 어디로 가고 싶은지 간단히 물은 뒤, 마치 자신이 현명한 선택을 한 듯 원하는 방향으로 이끌고 가는 모습과 비슷하다. 고객이 일정에 동의하고 결제를 마치면, 그는 문 쪽으로 걸어가며 '따라오라'는 손짓만 남긴다. 돌아보지도 않는다. 그는 이미 자신이 선택한 일정이 최선이라고 믿고 있기 때문이다.

 **Example**

컨설팅 영업의 대표 형태다. 고객의 상황을 간단히 질문한 뒤, 미리 준비된 상품을 제안한다. 대화는 한층 진일보했지만 여전히 영업인이 결론을 주도한다.

### [ 보험 예시 ]

**영업인 :** "혹시 선생님, 갑작스런 사고가 생기면 가족들은 어떻게 생활하실 것 같으세요?"
**고객 :** "…많이 힘들겠죠."
**영업인 :** "그래서 종신보험이 필요하신 거예요. 저희 상품은 사망 시 1억 원 보장됩니다."

### [ 자동차 예시 ]

**영업인 :** "평소 운전 자주 하세요? 출퇴근용이신가요?"
**고객 :** "네, 출퇴근이랑 주말 나들이 정도요."
**영업인 :** "그럼 하이브리드 차량이 딱입니다. 연비 좋고 지금 할인도 많아요."

*해설 : 질문은 있지만, 고객의 대답은 상품 제안의 도구로 활용된다.

고객은 여전히 수동적인 존재로 머무른다.

## 안내하기(guide) : 고객이 스스로 선택하게 돕는 코칭형 접근

오늘날 고객은 이러한 '받기/주기' 공식에 익숙해졌고, 경계심도 높아졌다. 그들은 이제 낡은 설득 기법이나 의도된 유도 질문에 쉽게 속지 않는다. 그동안 수많은 영업인들의 꾸며낸 접근에 지쳤기 때문이다.

이러한 이유로 나는 컨설팅 영업에 코칭 모델을 결합하는 데 집중해 왔다. 코칭 기술은 컨설팅 영업을 구조화된 대화로 바꾼다. 컨설팅 영업이 자동차의 섀시라면, 코칭은 그 위에 실현 가능한 동력과 경험을 얹는 것이다. 사람들은 단지 섀시를 보고 차를 사지 않는다. 그들은 주행감, 편의성, 신뢰감, 디자인 등 전체 패키지를 보고 선택한다. 코칭 철학과 기술이 통합된 코칭 영업은 고객에게 신뢰받고 관계가 지속되는 '전체 패키지'가 된다.

코칭 영업은 구매를 유도하기 위한 대화가 아니다. 그것은 처음부터 끝까지 '진짜 대화'로 머무른다. 고객은 단순한 피상적 상대가 아니라, 거래의 공동 설계자이며 결정권자다. 영업인은 고객이 올바른 구매 결정을 내릴 수 있도록 조력하고, 고객은 자율적이고 주체적으로 그 결정을 함께 만들어간다. 바로 이 지점에서 코칭은 '안내하기'라는 개념과 만나게 된다.

그렇다면 진정한 '가이드'는 어떤 모습이어야 할까?

훌륭한 여행 가이드는 먼저 시간을 들여 고객이 진심으로 원하는 것이 무엇인지 파악하려고 한다. 등산 가이드를 떠올려보라. 그는 등반 전에 참가자의 목표, 체력, 과거 부상 경험 등을 세심히 체크하고, 여정이 시작되면 지속적으로 상태를 확인하며 길을 안내한다. 필요한 경우 휴식을 권하거나, 격려하거나, 위험 요소를 조정한다. 목적지를 향해 나아가되, 결코 동행자의 상태를 시야에서 놓치지 않는다. 고객이 신뢰할 수 있어야만 등반은 성공할 수 있다. 당신은 신뢰하지 않는 가이드를 따라 백두산을 오를 수 있는가?

  코칭 영업의 핵심 도구는 바로 그 가이드의 자질이다. 강력한 질문, 우월한 대화 기술, 흔들리지 않는 자신감 그리고 고객이 스스로 해답을 발견하도록 돕는 능력이다. 구매 코치는 고객의 욕구와 맥락, 목적에 진심으로 관심을 기울이며, 결정권을 고객에게 온전히 넘기되, 그 여정을 함께 동행하는 파트너가 된다.

  코칭 영업은 고객이 원하는 방향으로 함께 걸어가는 여정이다. 고객이 주저할 땐 한발 물러서고 확신을 가질 수 있도록 질문을 통해 깊이 있는 대화를 이어간다. 그는 거래가 아닌 사람을 중심에 둔다. 그러한 태도는 신뢰를 낳고, 신뢰는 자연스럽게 구매로 이어진다.

### Example

  다음은 고객의 니즈를 깊이 듣고, 의사결정의 주체로 세우는 대화 방식이다. 영업인은 조력자이며, 질문을 통해 고객의 진짜 목적을 탐색하고 최적의 해답을 함께 찾아간다.

**[ 보험 예시 ]**

**영업인** : "요즘 가장 걱정되는 부분이 있으세요? 건강 문제일 수도 있고, 가족에 대한 대비일 수도 있고요."

**고객** : "아이들 교육비랑, 혹시 제가 무슨 일 생기면 어떻게 될지가 걱정돼요."

**영업인** : "그럼 교육비 보장과 사망 보장을 균형 있게 넣은 설계를 함께 고민해 볼까요? 선택지는 다양하니까 천천히 비교해 보시죠."

**[ 자동차 예시 ]**

**영업인** : "차량 고르실 때 어떤 기준이 가장 중요하세요? 연비, 안전, 공간, 유지비 중에요."

**고객** : "뒷좌석 안전이랑 트렁크 공간이요. 장거리도 자주 다녀요."

**영업인** : "좋습니다. 그러면 공간과 안전 중심으로 몇 가지 모델을 비교해서 함께 살펴볼게요. 결정은 서두르지 않으셔도 됩니다."

\*해설 : 고객의 말에 진심으로 귀를 기울이고, 의사결정을 주도할 수 있는 환경을 만들어주는 방식. 신뢰와 자율성이 동시에 작동한다.

| 구분 | 방식 설명 | 대화 주도권 | 고객 경험 |
| --- | --- | --- | --- |
| 주기 (Give) | 일방적 정보 전달, 설득 중심 | 영업인 | 부담, 거리감 |

| 받기/주기 (Get/Give) | 질문 후 준비된 솔루션 제시 | 반반 | 수동적 수용 |
| --- | --- | --- | --- |
| 안내하기 (Guide) | 고객이 선택하게 돕는 코칭 방식 | 고객 중심 | 신뢰, 참여, 자발성 |

SECTION 2-6

# 코칭 접근법이 유지와 소개에 미치는 영향

　코칭 기반의 영업, 즉 '가이드형 영업 접근법'은 고객과의 관계 유지와 소개(추천)에 있어 탁월한 성과를 만들어낸다. 나는 직장 초년 시절, 재테크와 투자에 대해 조언을 얻기 위해 여러 사람을 만난 경험이 있다.

　그중 한 재정 컨설턴트를 알게 되었는데, 그는 내가 강한 확신을 가지고 추진하려던 공격적인 주식 투자에 대해 조언을 해주었다. 어느 날 투자 관련 상담을 하던 중 그는 대화를 잠시 멈추더니 조심스럽게 제안했다.

　"혹시 조금 더 전반적인 재정 상황에 대해 이야기해 볼 수 있을까요?"

　그는 나의 전체 재정 계획, 장기적 목표, 원하는 재정적 안정의 형태, 가능한 지원 자원 등을 파악하는 데 시간을 들였다. 당시 나는 직장 생활을 시작한 지 얼마 되지 않았고, 저축도 충분하지 않은 상태였다. 그런 상황을 고려한 그는, 당장의 투자보다

계좌에 월급의 3개월 치에 해당하는 금액을 저축하는 것을 권유했다. 이후 여유 자금이 생기면 그때 투자해도 늦지 않다는 것이었다.

그의 조언에 동의하든 아니든, 이 사례에서 정말 중요한 점은 따로 있다. 그는 수수료를 많이 받을 수 있는 상품으로 나를 유도할 수도 있었다. 그럼에도 그는 나에게 옳은 선택을 하도록 도와주기 위해 자신의 이익을 기꺼이 포기했다는 것이다.

그의 결정이 어리석었을까? 전혀 그렇지 않았다. 오히려 그는 그 선택을 통해 나와의 장기적인 신뢰 관계를 만들었고, 결과적으로 나는 10년 넘게 그와 거래를 이어가며, 30명 이상을 그에게 소개했다.

나는 그의 다양한 금융 상품을 구매했고, 그는 나를 올바른 방향으로 안내해 주었다. 그 결과, 나는 단순한 고객이 아니라 그의 열렬한 지지자가 되었다.

이 상호작용에서 가장 중요한 차이를 눈여겨볼 필요가 있다. 그는 나를 가망 고객이 아닌 사람으로, 단기 성과가 아닌 장기 신뢰의 대상으로 바라보았다는 점이다. 그리고 그것이 코칭 영업의 본질이다.

그러나 이러한 개념에 동의하는 것만으로는 충분하지 않다. 진짜 중요한 것은 코칭 영업의 본질을 실제 영업 활동 속에 녹여내고, 일상적인 실천으로 이어가는 일이다.

## SECTION 2-7
# 구조적이고 체계적인 접근법에 대한 사례

오랫동안 영업을 해온 사람들도, 때때로 어떻게 시작해야 할지 막막함을 느낀다. 경험 많은 영업인이라 하더라도, 변화된 환경 속에서 기존의 루틴이 더 이상 효과적이지 않다는 사실을 절감하게 된다.

보통 숙련된 영업인들은 자신만의 '과정process'을 갖고 있다. 반면, 이제 막 시작한 신입 영업인은 이러한 과정이 없기 때문에 종종 불안하고 방향을 잃기 쉽다. 특히 구조적 접근이 낯선 신입일수록, '어떻게 이 일을 시작해야 할지'에 대한 감이 전혀 없을 수 있다.

그들은 흔히 다음과 같은 질문에 부딪힌다.

— 전화를 어떻게 시작해야 할까?
— 첫 대화에서 무엇을 먼저 말해야 할까?
— 대화를 어떻게 마무리해야 할까?

놀랍게도 이 질문은 신입뿐 아니라 숙련된 영업인에게도 여전히 유효하다. 21세기, 고객과 시장은 더욱 복잡해졌고 '즉흥적인 감'이나 '오래된 방식'으로는 더 이상 성과를 기대하기 어렵다. 이제는 즉석 대응이 아닌, 구조적 시스템과 절차가 필요한 시대다.

앞서 언급한 비행기 조종사를 떠올려보자. 그는 단지 비행기를 조종하는 사람이 아니다. 매 비행마다 수십 가지 체크리스트를 반복하며, 승객을 목적지까지 안전하게 이끌 수 있는 체계 없이는 조종석에 앉지도 않는다. 대형 비행기는 혼자 힘으로 날 수 없다. 숙련된 조종사와 정밀한 절차가 반드시 필요하다.

또 다른 예로, 골프 선수를 보자. 경기 중계를 보면 프로 선수들은 매번 일정한 루틴을 따른다. 공 뒤에 서서 방향을 보고, 몇 번 스윙을 시도하고, 손과 발을 정렬한 뒤에야 정확한 타이밍에 스윙한다. 이는 단순한 습관이 아니다. 자신을 최고의 상태로 이끄는 구조적 루틴이다.

외과 의사도 마찬가지다. 수술을 앞두고 정해진 프로토콜을 따르며, 준비와 절차에 철저함을 기한다.

이들은 모두 자신이 맡은 일을 '전문가답게' 수행하기 위한 고유한 과정이 있다. 그것은 기계적이지 않지만 체계적이다. 영업도 다르지 않다. 하지만 현실은 많은 영업인들이 이러한 과정을 갖고 있지 않거나, 갖고 있어도 실행하지 않는다.

질문해 보자. 당신은 신규 고객을 만날 때, 일관된 접근법을 가지고 있는가? 매번 유사한 흐름으로 대화를 시작하고, 고객과의 여정을 함께 설계하고 있는가? 그렇지 않다면, 과연 당신은 '계약을 성사시키기 위한 최소한의 준비'를 제대로 하고 있다고 자신 있게 말할 수 있을까?

최고의 영업인은 결코 즉흥적으로 행동하지 않는다. 그들의 영업방식은 체계적이고 구조화되어 있으며, '운'에 기대지 않는다. 그들은 매번 고객을 새롭게 만나지만, 늘 자신만의 방식으로 그 여정을 설계하고 실행한다.

SECTION **2-8**

## 영업관리자의 역할

영업관리자는 자신이 이끄는 영업인들을 체계적으로 훈련시킴으로써, 조직 전체에 강력한 성과를 만들어낼 수 있다. 하지만 현실에서는 정작 자신조차 체계적인 시스템을 사용하지 않는 관리자들도 적지 않다. 스스로도 일관된 방식 없이, 어떻게 다른 영업인들을 효과적으로 이끌 수 있겠는가?

나는 사회생활 초기, 국내의 한 생활가전 기업에서 영업인으로 근무한 적이 있다. 당시 회사에서는 영업 전화를 걸 때 따라야 할 다섯 가지 기본 단계가 명확히 정해져 있었다. 영업 전화를 한 뒤에는 늘 필자를 담당한 관리자가 그 다섯 단계를 바탕으로 피드백을 주고, 반복 훈련을 시켰다. 그 덕분에 나는 지금까지도 그 단계들을 생생하게 기억하고 있다.

내가 당시 일정 수준의 성과를 낼 수 있었던 것은, 관리자가 시간과 노력을 들여 효과적인 영업 체계를 훈련시켜 주었기 때문이었다.

이처럼 체계적인 시스템은 관리자나 영업인 개인 모두가 영업 전화나 방문을 되돌아보고, 기술을 평가하고, 실력을 향상시키는 데 결정적인 역할을 한다.

예컨대, 다음과 같은 질문을 기반으로 평가할 수 있다.

― 고객과의 대화에서 충분히 말을 이끌어냈는가?
― 추천 내용은 구체적이고 설득력 있었는가?
― 고객의 니즈와 구매 동기를 정확히 파악하기 위한 질문을 적절히 사용했는가?

이런 기준 없이 단순한 '느낌'만으로는, 어떤 기술을 가르쳐야 하고 무엇을 보완해야 할지조차 알기 어렵다.

당신이 영업 관리자라면, 이 책에서 소개하는 구조화된 모델을 영업인들에게 가르치고, 실행에 대한 책임까지 함께 묻는 것을 강력히 권한다. 당신이 영업인이라면, 이 책을 당신의 관리자에게 권유하고, 이 모델을 함께 연습하자고 제안해 보라. 또는 관리자나 동료와 함께 이 모델을 연습하는 것도 영업 실력을 키우는 훌륭한 방법이 될 것이다.

## SECTION 2-9
# 영업 프로세스는 단순해야 한다

영업 활동의 프로세스는 체계적이면서도 단순해야 한다. 구조는 명확하되, 실제 상담 현장에서 흥분되거나 긴장된 상태에서도 자연스럽게 기억하고 실행할 수 있어야 하기 때문이다.

내가 현장에서 자주 듣는 불만 중 하나는, 너무 복잡해서 실제 상담 중에는 기억조차 어려운 영업 모델이라는 것이다. 예를 들어, 고객과 계약을 마무리하기까지 7단계를 거쳐야 하는 모델, 8가지 서로 다른 고객 유형을 외우고 분류해야 하는 모델, 전화 한 통을 걸기 전에도 6단계의 사전 준비가 필요한 접근 방식 등이다. 이처럼 지나치게 복잡한 시스템은 오히려 실전에서는 무용지물이 되기 쉽다.

영업인이라면 가능성이 높은 영업 대화일수록 압박이 크고, 감정이 민감하게 작용한다는 것을 누구나 알고 있다. 바로 그 순간, 고객 앞에서 침착함을 유지하고 의도한 흐름을 이끌어내려면 기억하기 쉬우면서도 실행에 강한 모델이 필요하다.

즉, 단순하지만 강력한 프로세스가 정답이다. 당신은 지금, 그저 따라가기만 해도 성과를 낼 수 있는 프로세스를 갖추고 있는가? 그렇지 않다면 이 책에서 소개하는 구조적이면서도 단순한 프로세스를 활용해 보라.

이미 프로세스를 갖고 있다고 해도, 다음 네 가지 질문을 스스로 점검해 볼 필요가 있다.

― 나의 실적을 지속적으로 향상시킬 만큼 체계적인가?
― 긴장된 상황에서도 바로 꺼내 쓸 수 있을 만큼 단순한가?
― 21세기 고객의 변화를 충분히 반영하고 있는가?
― 내가 낼 수 있는 최고의 결과를 이끌어내고 있는가?

만약 이 중 하나라도 "아니오"라고 답하게 된다면, 이 책에서 제시하는 3단계 코칭 영업 모델을 고려해 보길 권한다. 단순하고 강력한 구조, 그것이 당신의 다음 성장을 이끌어줄 수 있다.

### SECTION 2-10
## 상호작용을 위한 단순한 코칭 모델

코칭 대화 모델은 본래 다양한 상황에 적용 가능한 유연한 구조를 가지고 있지만, 영업 상황에 적용할 때는 성과 창출이라는 목적을 고려해 약간의 수정이 필요하다.

순수한 코칭에서는 코치가 계약 성사를 목표로 하지 않는다. 그러나 현실의 영업 현장에서는 다르다. 영업인은 성과를 통해 생계를 유지한다. 이 사실을 부정하는 건 이상주의일 뿐이다.

하지만 여기서 질문을 바꿔보자. '계약을 성사시킨다'는 표현

대신 '고객이 최고의 구매 결정을 내리도록 돕는다'는 관점을 취할 수는 없을까?

나는 바로 이 철학의 전환이, 영업 성과는 물론 고객의 충성도까지 자연스럽게 따라오게 만든다고 믿는다. 그리고 그 실천의 출발점이 바로 단순한 대화 구조다. 코칭 영업을 실천하기 위해 복잡한 기법 수십 가지를 외우거나, 여러 단계에 달하는 절차를 암기할 필요는 없다. 나는 이 과정을 단 3단계로 단순화하여 '3D 모델'로 정리했다.

**Discover (발견) :** 이 단계에서는 고객의 동기, 욕구, 우선순위 그리고 현재 상황에 대한 관점을 수집한다.

**Discuss (논의) :** 이 단계에서는 고객과 함께 문제점과 기회 요소를 검토하고, 가능한 해법을 자유롭게 탐색한다.

**Decide (결정) :** 이 단계에서는 고객이 스스로 결정을 내리도록 도와주며, 행동으로 이어지도록 돕는다.

이 모델의 가장 큰 강점은 단순함과 명확성 그리고 유연성이다. 예컨대 이 모델을 사용했음에도 결과가 기대에 못 미쳤다면, 상품이나 서비스가 정말 고객과 맞지 않는 것인지, 혹은 세 단계 중 어느 지점에서 제대로 작동하지 않았는지를 즉시 판단할 수 있다.

그리고 필요한 경우, 이전 단계로 돌아가 대화를 새롭게 설계하고 다시 진행할 수 있다. 실패로 끝나는 것이 아니라, 더 나은 대화를 위한 피드백 루프가 된다. 이제 다음 2부의 세 장(3, 4, 5장)에서는 이 3D 코칭 영업 모델의 각 단계인 발견→논의→결정을 하나하나 상세히 풀어보며, 어떻게 현장에서 적용하고 실전에서 성과로 연결할 수 있을지를 구체적으로 제시할 것이다.

## 실행과제

### 실행과제 1 : 당신의 영업 유형은?

다음 10개의 질문을 통해 현재 나의 영업 스타일이 어떤 성향을 띠고 있는지 점검해 보자.

각 문항마다 a, b, c 중 하나를 선택한 뒤, 마지막에 합산해 보자.

**1. 나는 다음 중 어떤 요소를 통해 영업 성과를 가장 잘 이끌어낸다고 생각하는가?**

a) 프레젠테이션의 질

b) 고객에게서 얻은 정보

c) 고객과 쌓은 관계의 질

**2. 유능한 영업인은 어떤 특성을 갖추고 있다고 생각하는가?**

a) 뛰어난 발표력

b) 정보 수집 능력

c) 고객과의 연결성과 관련성 설명 능력

**3. 내가 경험한 최고의 성과는 다음 중 어떤 방식으로 달성되었는가?**

a) 자료와 데이터를 철저히 분석했을 때

b) 고객의 목표를 명확히 파악했을 때

c) 고객의 비전과 동기를 공감했을 때

4. 다음 중 어떤 상황에서 고객이 구매 결정을 내릴 가능성이 가장 높다고 생각하는가?

a) 거절에 잘 대응했을 때

b) 고객의 니즈와 제품을 잘 연결했을 때

c) 대화 속에서 파트너십이 형성되었을 때

5. 나의 상품이나 서비스가 고객에게 최적의 선택이 아님을 깨달았을 때, 나는 보통 어떻게 하는가?

a) 그런 조언을 해본 적이 없다

b) 특별한 경우에만 조심스럽게 언급한다

c) 정직하게 조언한 경험이 여러 번 있다

6. 내가 아는 최고의 영업인은 어떤 유형에 가까운가?

a) 상품 정보에 정통한 전문가

b) 탁월한 질문을 던지는 전문가

c) 신뢰 관계를 구축하는 전문가

7. 누군가 나에게 영업을 할 때, 나는 어떤 접근을 가장 선호하는가?

a) 완성도 높은 프레젠테이션을 듣는 것

b) 나에 대한 질문을 먼저 받는 것

c) 목적 있는 대화를 나누는 것

8. 영업인으로서 내가 가진 가장 큰 자산은 무엇인가?

a) 지식

b) 기술

c) 성격과 태도

9. 고객의 인생 목표에 대해 나는 어떻게 생각하는가?

a) 나의 영업 성과와는 별 관련이 없다고 생각한다

b) 알아두면 좋다고 생각한다

c) 영업 성과에 직접적으로 영향을 미친다고 생각한다

10. 내 영업 실적을 향상시키는 데 가장 효과적인 전략은 무엇이라고 생각하는가?

a) 고객과의 만남을 더 자주 갖는 것

b) 더 좋은 질문을 던지는 것

c) 잠재 고객을 더 깊이 이해하는 것

[ 결과 분석 ]

아래에 각 문항에서 선택한 a, b, c의 개수를 더해보세요.

A 유형 총합 : _____

B 유형 총합 : _____

C 유형 총합 : _____

**A 유형 (전통적 영업방식)**

제품 중심, 정보 전달 중심의 영업 방식을 선호합니다.

설득력과 지식을 무기로 활용하지만, 고객 중심의 변화된 영업 환경에 적응이 필요합니다.

이 책을 통해 새로운 관점의 영업 방식을 탐색해 보세요.


**B 유형 (컨설팅 영업방식)**

고객의 니즈를 분석하고 문제를 해결하려는 사고방식이 돋보입니다.

약간의 변화만 더해지면 코칭 기반 영업으로 자연스럽게 전환될 수 있습니다.


**C 유형 (코칭 영업방식)**

관계 중심, 질문 중심, 자기 발견을 유도하는 코칭형 접근을 선호합니다. 이 책이 제시하는 철학과 완벽하게 부합하며, 심화된 전략을 바로 적용할 수 있습니다.


## 실행과제 ❷ : 코칭 기술 자기평가

다음에 고객과 만나 대화한 후 이 장에서 논의한 코칭 기술과 비교하여 각자의 유형을 관찰하고 한 번 적어보라. 긍정적인 관찰을 시도하고 다음 단계로 성장할 수 있도록 자신에게 도전하라.

| 기술 | 고객과 대화에서 다음을 어떻게 보여주었는가? (구체적인 예를 사용하라) | 각각의 목표를 어떻게 하면 더 잘 수행할 수 있는가? (자기 자신에게 구체적인 제안을 하라) |
|---|---|---|
| 고객의 목표와 동기를 이해한다. | | |
| 효과적인 질문을 한다. | | |
| 경청 스킬을 활용하여 상대방의 말에 귀를 기울인다. | | |
| 곰곰이 생각하고 분명하게 말한다. | | |
| 전략을 짜고 문제를 해결한다. | | |
| 목표를 달성하기 위해 장애물을 극복한다. | | |
| 대화를 행동, 해결책으로 이끈다. | | |

### 실행과제 3 : 코칭 기술 객관적 평가

당신이 영업 관리자나 친구, 또는 오랫동안 신뢰 관계를 맺어온 고객을 초대하여 위에서 말한 것 외의 다른 영역에서 향상을 꾀할 수 있도록 도움을 받아라. 영업 전화 시 역할극을 하거나 실제 전화 시 초대해서 당신이 말하는 것을 들어 달라고 하라. 그리고 코칭 기술 관찰 양식을 사용하여 피드백을 부탁하라. 코칭 기술 중 어느 부분을 잘했으며 어느 부분이 개선이 필요한지 피드백을 부탁하라.

| 기술 | 영업인이 잘해낸 긍정적인 부분 | 영업인이 어떻게 하면 더 잘할 수 있는지에 대한 제안 |
|---|---|---|
| 고객의 목표와 동기를 이해한다. | | |
| 효과적인 질문을 한다. | | |
| 경청 스킬을 활용하여 상대방의 말에 귀를 기울인다. | | |
| 곰곰이 생각하고 분명하게 말한다. | | |
| 전략을 짜고 문제를 해결한다. | | |
| 목표를 달성하기 위해 장애물을 극복한다. | | |
| 대화를 행동, 해결책으로 이끈다. | | |

note

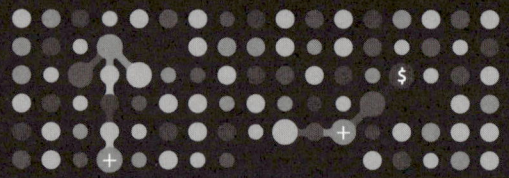

PART **2**

# COACHING SALES '3D MODEL'

## 코칭 영업 '3D 모델'

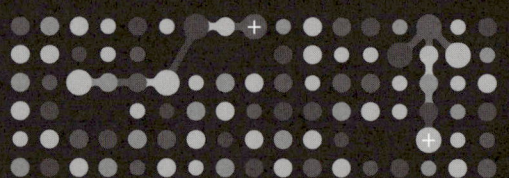

# SECTION 3

# 코칭 모델의 1단계 :
# 발견
## Discover

"좋은 질문은 쉬운 답변보다 더 좋다."
— 폴 A. 새뮤얼슨Paul A. Samuelson

"날씨를 우습게 보지 말라. 열 명 중 아홉 명은 날씨가 바뀌지 않으면 어떻게 대화를 시작해야 할지조차 모른다."
— 킨 허바드Kin Hubbard

## 개요

영업 현장에서 가장 자주 듣게 되는 고객의 말 중 하나는 "그냥 둘러보는 중이에요"라는 대답이다. 왜일까? 많은 고객들은 영업인을 자신이 최고의 구매 결정을 내리도록 도와줄 존재로 인식하지 않기 때문이다.

3D 코칭 모델은 고객이 영업인과의 대화를 원하도록 만든다. 그것은 영업인이 고객의 니즈와 욕구를 진심으로 이해하고, 고객에게 꼭 필요한 구매로 안내하려는 자세를 보여주기 때문이다.

이 장에서는 고객의 필요, 동기, 관점을 효과적으로 발견Discover하는 방법에 집중한다. 이를 통해 고객에게 더 나은 서비스를 제공하고, 고객이 원하는 바에 부합하는 적절한 제안을 할 수 있게 된다.

이 단계에서는 코칭 대화를 어떻게 시작할지, 고객의 상황을 파악하는 데 어떤 질문이 효과적인지, 그리고 여러 산업에서 어떻게 적용되는지를 구체적으로 살펴볼 것이다. 또한, 다양한 고객 유형을 파악하고 대화를 조율하기 위한 코칭 도구인 'T.E.A.M.'에 대해서도 함께 소개된다.

## 현장 경험

"정말 다른 영업인이었어."

얼마 전 한 카페에서 우연히 들은 대화다. 옆 테이블에 앉은 두 사업자가 보험 얘기를 하고 있었다.

"어제 만난 보험 설계사가 정말 달랐어. 보통은 와서 바로 '요즘 암보험이 중요하다', '이 상품이 얼마나 좋다' 이런 얘기부터 하잖아? 그런데 이 사람은 달랐어."

"뭐가 달랐는데?"

"일단 앉자마자 '사장님 사업이 어떤 분야 신지, 요즘 어떤 게 가장 신경 쓰이는 부분인지 먼저 알고 싶다'고 하더라고. 그래서 한 20분 동안 내 사업 얘기, 직원들 얘기, 가족 상황까지 다 들어줬어. 진짜 관심 있게."

"그래서?"

"그다음에 '그럼 사장님한테는 이런 부분이 중요할 것 같은데, 혹시 어떻게 대비하고 계세요?' 이렇게 묻더라고. 그제서야 보험 얘기가 나온 거야. 근데 신기한 게, 그때쯤엔 나도 궁금해지더라고. '아, 정말 나한테 뭐가 필요할까?' 하면서."

나는 그 대화를 들으며 그 설계사는 아마 이 장에서 소개할 '발견' 단계를 제대로 실행한 것 같다고 생각했다. 상품 설명부터 시작하는 대신, 고객의 상황을 먼저 이해하려 했던 것이다.

결과는? 그 사업자는 결국 그 설계사와 계약을 했다고 한다.

## SECTION 3-1
## 코치는 어떤 사람인가?

코칭 영업의 첫 단계 모델을 보여주기 전에 우선, 위대한 코치는 어떤 사람인가 생각해 보자.

### **1** 신뢰받는 코치는 질문으로 시작한다

신뢰받는 코치는 고객이 스스로 최선의 결정을 내릴 수 있도록 강력한 질문을 던진다. 단순히 상품을 소개하는 것이 아니라, 고객의 목적을 공유하고 비전을 함께 설계하는 것이다. 질문은 때로 어떤 설명 보다 훨씬 강력하다.

일반적인 코칭의 질문은 다음과 같은 것들이 있다.

"고객님께서 진정으로 원하시는 것은 무엇인가요?"

"그 목표를 이루기 위해 어떤 지원이 필요하신가요?"

"이 상품/서비스를 어디에서, 언제, 누구와 함께 사용하고 싶으신가요?"

"아직 구매를 미루신 이유가 있으실까요?"

"이 상품/서비스가 고객님의 미래에 어떤 변화를 줄 수 있을까요?"

이 질문들은 정해진 순서로 강압적으로 던지는 것이 아니라, 자연스럽고 진정성 있게 사용되어야 한다. 관계 형성과 이해, 동기부여를 위한 코칭 대화의 가이드라인이라 생각하면 된다. 질문을 던질 때, 그 성격과 목적을 명확히 이해하는 것이 중요하다. 질문은 다음과 같이 분류할 수 있다.

**사실적 질문** : "어떤 상품을 찾고 계신가요?"
**감성적 질문** : "지금까지 상담을 받으시며 어떤 느낌이 드셨나요?"
**행동적 질문** : "최근 어떤 상품이나 서비스를 검토해 보셨나요?"
**관계적 질문** : "구매 결정에 영향을 주는 분은 누구신가요?"
**정신적 질문** : "이 상품이 고객님의 미래에 어떤 도움을 줄 수 있을까요?"

듣기 없는 질문은 무의미하다. 아무리 좋은 질문도 경청이 따르지 않으면 아무런 의미가 없다. 질문은 단지 정보를 얻기 위한 수단이 아니라, 고객이 스스로 자신의 니즈와 해답을 발견하도록 돕는 과정의 출발점이어야 한다.

'발견' 단계는 단순한 정보 수집이 아니다. 이 단계에서 쌓인 신뢰와 이해가, 이후 논의Discuss와 결정Decide 단계의 성공을 좌우하게 된다.

## ❷ 신뢰받는 코치는 귀 기울여 듣는다

질문을 잘하지만 듣기는 형편없는 코치는 효과적인 관계를 만들 수 없다. 많은 사람들이 대화를 듣는 척하면서 사실은 자신의 말 할 기회를 기다리고 있는 경우가 많다. 진정한 경청은 단순한 정보 수집이 아니라 고객의 감정, 태도, 우려, 니즈 전반을 이해하려는 태도다.

잘 듣기 위해서는 고객이 어떤 방식으로 소통하고 싶은지를 이해해야 한다. 정보를 얻고 싶어 하는지, 감정을 표현하고 싶은지, 혹은 해결책을 기대하는지 파악해야 한다.

고객과의 대화에서 주의 깊게 들어야 할 주요 요소는 다음과 같다.

- 상품이나 솔루션에 대한 고객의 생각
- 과거에 문제를 해결했던 방식
- 고객의 감정
- 해결을 방해하는 인식의 장벽
- 반복되는 도전 패턴
- 고객이 느끼는 희망이나 기대
- 경쟁 목표
- 가능한 대안들
- 관계의 역학 구조
- 고객이 좋은 결정을 내릴 수 있도록 돕는 요소
- 고객의 반응과 신호
- 불확실한 표현 (Example "아마도", "노력해 볼게요", "일종의…")

또한, 비언어적 단서도 중요하다. 다음과 같은 요소들을 함께 관찰하라.

— 목소리의 톤과 속도
— 몸짓이나 표정
— 대화에 임하는 태도
— 감정의 변화
— 망설임 또는 혼란
— 주의가 산만한 상태

신뢰받는 코치는 고객이 주도권을 갖고 말할 수 있도록 하면서도, 대화의 방향을 잃지 않도록 부드럽게 조율한다. 고객의 말과 행동을 세심하게 관찰하고 반응해야 신뢰를 유지할 수 있다. 한 사례를 보자.

한 영업인이 부부로 보이는 두 사람과 함께 상담을 진행하고 있었다. 계약서에 서명만 남겨둔 상태에서 그에게 한 통의 전화가 걸려왔다. 전화를 받기 위해 자리를 뜨기 전, 그는 여성 고객과 눈이 마주치자 자연스럽게 "잠시만 기다려 주세요, 사모님"이라고 말하고 통화를 마친 뒤 다시 돌아왔다.

그런데 사무실로 돌아와 보니 분위기가 묘하게 달라져 있었다. 두 사람 모두 무표정해졌고, 방금 전까지 흐르던 편안한 공기가 사라져 있었다.

그는 즉시 반응했다.

"무언가 불편하셨다면 말씀해 주세요. 돌아와 보니 분위기가 조금 달라진 것 같아서요."

그러자 남성이 조용히 말했다.

"제 여동생입니다. 사모님이라는 말은 좀 불편하네요."

그 영업인은 즉시 사과했고, 오해를 해소하며 대화를 다시 이어갔다. 그 진심 어린 대응 덕분에 결국 계약은 원만히 마무리되었다. 만약 그가 분위기 변화를 눈치채지 못하거나 그냥 넘어갔다면, 이 계약은 어긋났을 수도 있다.

이처럼 관찰과 경청은 대화를 통해 신뢰를 구축하는 데 필수적인 기술이다.

### 3 코치는 반영하고 설명한다

코치들이 사용하는 기술 중 가장 단순하면서도 강력한 것 중 하나가 바로 '반영하기reflection와 명료화하기clarification'의 힘이다. 놀라운 일이지만, 영업인을 코칭 하다 보면 어떤 이유에서인지 이 단계를 생략해 버리는 경우가 종종 있다. 이를 지적하면 영업인들은 "고객이 뭐라고 했는지 정확히 들었기 때문에 굳이 다시 반복할 필요는 없었다"고 답한다. 하지만 나는 다시 이렇게 묻는다. "그 고객도, 본인이 한 말을 당신이 이해하고 있다는 걸 확실히 알고 있었을까요?"

고객이 한 말을 다시 정리해 주는 것은 단지 정보를 반복하는 차원을 넘어, 고객에게 "내 말을 정말로 들었구나", "나를 이해하려 노력하는구나"라는 신뢰감을 주는 방식이다.

실제로 많은 사람들은 자신이 했던 말을 상대방의 입을 통해 다시 듣는 것을 심리적으로 편안하게 느낀다. 하지만 현실에서는 이 간단한 기술이 팀 회의, 커플 간의 대화, 심지어 고객과의 상담에서도 잘 사용되지 않는다.

코칭에서 반영해야 하는 핵심은 크게 두 가지다. 하나는 고객이 말한 내용이고, 다른 하나는 그것을 말할 때 드러났던 감정 상태다. 예를 들어 "고객님, 제가 제대로 이해한 게 맞다면, 지금 사용 중이신 구형 장비 때문에 몇 달째 스트레스를 받아오셨고, 특히 최근에는 속도가 느려지고 오류도 잦아져서 더 답답해지셨다는 말씀이시죠?" 이렇게 말하면 고객은 대부분 고개를 끄덕이거나 "맞아요"라고 대답하게 된다.

이 과정에는 여러 가지 효과가 있다.

— 고객은 자신이 온전히 이해받고 있다는 안도감을 느낀다.
— '맞습니다'라는 동의를 통해 신뢰와 협력의 분위기가 조성된다.
— 당신에 대한 신뢰가 쌓이기 시작한다.
— 당신이 단지 말할 기회를 기다린 것이 아니라 진심으로 듣고 있었다는 인상을 준다.
— 고객은 더욱 많은 것을 자발적으로 공유하게 된다.

만약 당신이 일부 오해한 것이 있다면, 고객이 그것을 바로잡을 기회를 갖게 되므로 불필요한 오해를 방지할 수 있다.

이처럼 효과적인 질문, 경청, 그리고 반영·요약의 기술을 익힌 영업인은 대부분의 경쟁자보다 한 걸음 앞서 나가게 된다. 고객의 말에 귀를 기울이고, 그 말의 의미를 정확하게 되짚어주는 것만으로도, 고객은 이미 당신을 단순한 '판매자'가 아닌 '조력자'로 인식하게 되는 것이다.

앞의 내용을 되짚어보며 이 책의 핵심을 다시 한번 상기해 보자. 이 책은 당신의 상품이나 서비스에 관심을 보이는 고객과 어떻게 상호작용할 것인가에 대한 모델과 전략을 제시하고 있다. 즉, 고객을 왜 만나야 하는지에 대한 명확한 이유에서 출발해, 실질적인 영업 상황에 맞춘 단계별 코칭 모델을 제공하는 것이 이 책의 목적이다.

여기서 주의할 점은 코칭 대화의 세 단계 가운데 '발견Discover' 단계가 가장 복잡하다는 것이다. 이 단계에서는 다양한 요소들이 얽혀 있고, 어떤 내용은 단순해 보이는가 하면, 어떤 내용은 기억하기 어려울 정도로 복잡할 수도 있다.

하지만 수천 명의 영업인을 교육한 경험을 통해 나는 이 단계가 실제 현장에서 매우 효과적이라는 사실을 확인했다. 여기에 꾸준한 집중과 실행이 더해지면, 이 과정은 결국 '제2의 천성', 즉 영업인의 습관으로 자리 잡을 수 있다.

## SECTION 3-2
# 대화의 시작 : '가벼운 대화'는 결코 가볍지 않다

'발견' 과정은 고객과의 대화를 시작하는 순간부터 본격적으로 시작된다. 이때 흔히 가벼운 대화로 불리는 스몰토크 small talk 가 먼저 이뤄진다. 어떤 사람들은 이 가벼운 대화를 불필요하거나 비효율적으로 느끼지만, 이는 단순한 예의 이상의 의미를 가진다. 가벼운 대화는 고객을 편안하게 해주고, 당신이 단순히 계약만을 목적으로 접근한 것이 아니라는 인상을 준다.

영업인의 입장에서 보면, 가벼운 대화의 목적은 고객과의 감정적 연결고리를 형성함으로써 이후의 협력 관계를 강화하기 위함이다.

많은 사람들이 가벼운 대화를 어려워하거나 부담스러워한다. 이럴 땐 '무슨 말을 해야 하지?'보다는 '무엇이 궁금한가?'에 초점을 맞추는 것이 효과적이다. 예를 들어 파티나 모임에서 낯선 사람과 대화를 나눌 때, 무엇을 말할지 고민하는 대신, 그 사람에 대해 궁금한 점을 자연스럽게 묻는 것처럼 말이다. 이러한 '호기심 중심의 접근'은 대화의 부담을 줄여줄 뿐 아니라, 상대에게 진정한 관심을 전하는 방법이기도 하다.

비즈니스 대화로 바로 진입하기 전에, 다음과 같은 질문으로 공통점을 찾거나 분위기를 풀 수 있다.

"고향이 어디세요?"

"어떤 일 하세요?"

"이 지역엔 얼마나 거주하셨어요?"

"오늘 날씨 괜찮았나요?"

"지금까지 어떻게 지내셨어요?"

좀 더 깊이 있는 대화를 이끌어낼 수 있는 질문도 있다.

"지금까지 가본 곳 중 가장 인상 깊은 장소는 어디였나요?"

"현재 하고 계신 일에서 가장 만족스러운 점은 무엇인가요?"

"만약 어디든 살 수 있다면 어디에 살고 싶으신가요?"

"최근 여행 중에 기억에 남는 장면은 어떤 것이었나요?"

"인생에서 꼭 이루고 싶은 목표가 있다면 무엇인가요?"

   이 질문들을 반드시 암기하거나 그대로 사용할 필요는 없다. 중요한 것은 기계적으로 묻는 질문이 아니라, 진짜 관심을 바탕으로 한 질문이어야 한다는 점이다.

   단순히 정보만을 수집하려는 질문보다, 상대방의 관심과 감정을 끌어내는 질문은 고객과의 신뢰와 유대를 강화하는 데 훨씬 효과적이다. 결국 호기심 질문은 신뢰를 여는 열쇠가 될 수 있다.

SECTION 3-3

# KBOP : 고객과의 대화를 전환하는 4단계 모델

가벼운 대화를 성공적으로 시작한 이후, 영업인은 대화를 비즈니스 중심의 주제로 자연스럽게 전환해야 한다. 이 과정을 보다 효과적으로 안내하기 위해 본 책에서는 다음과 같은 네 가지 단계로 구성된 KBOP 모델을 소개한다.

### 1 KBOP

**K :** 대화 시작하기 (Kickoff)

**B :** 고객 이득 강조하기 (Benefit)

**O :** 장애 요인 파악하기 (Obstacle)

**P :** 계획 함께 세우기 (Plan)

이 모델은 고객과의 대화를 상담 중심의 분위기로 전환하는 데 효과적이며, 고객의 니즈와 관점을 심층적으로 이해하는 데 유용하다. 아래에서 각 요소를 자세히 살펴보자.

### K — 대화 시작하기 (Kickoff)

'대화 시작하기'는 가벼운 대화에서 비즈니스 대화로 자연스럽게 넘어가는 징검다리다. 고객의 입장에서는 판매를 위한 설명이 곧장 시작될 것으로 기대할 수 있기 때문에 대화를 부드럽게 전환하는 기술이 중요하다.

[ Kickoff가 주는 효과 ]

— 대화를 자연스럽게 상담 모드로 이동시킨다.
— 고객이 주도적으로 말하게 만들어, 니즈를 자연스럽게 드러내도록 유도한다.
— 고객의 이슈와 기대치를 초반에 명확히 파악할 수 있게 한다.
— '왜 이 대화를 하는가'라는 목적을 상기시켜, 신뢰감을 높인다.

이 단계에서는 보통 다음의 세 가지를 포함한다.

**자신감의 표현** : "오늘 상담을 통해 고객님께 실질적인 도움을 드릴 수 있을 것 같습니다."
**고객 이득 강조** : "본격적으로 말씀드리기 전에, 고객님의 상황을 먼저 이해한다면 더 정확한 제안을 드릴 수 있습니다."
**우선순위 파악 질문** : "이번 상담에서 가장 기대하시는 부분은 무엇인가요?"

## B — 고객 이득 강조하기

이 단계에서는 고객에게 왜 질문을 하는지, 그 이유를 설명한다. 단순한 정보 수집이 아니라, 고객에게 실질적인 도움이 되기 위한 과정임을 인지시켜야 한다.

"지금 몇 가지 질문을 드리는 이유는, 고객님께 꼭 맞는 방향을 함께 찾아가기 위해서입니다."

이 설명은 고객의 심리적 저항을 낮추고, 코칭 방식의 접근에 대한 신뢰를 형성하는 데 매우 효과적이다.

### O — 장애 요인 파악하기

이 단계에서는 고객이 느끼는 고민, 걸림돌, 우려 사항 등을 파악한다. 이는 이후에 적절한 해결책을 제시하는 데 결정적인 단서가 된다.

"지금 가장 고민되시는 점은 어떤 부분인가요?"
"과거에 비슷한 결정을 하시면서 어려우셨던 점이 있으셨나요?"

### P — 계획 함께 세우기

고객이 현재 고려하고 있는 방향이나 다음 단계에 대한 생각을 묻는 단계다. 이는 고객의 현실적인 상황과 기대를 파악하고, 공동의 해결책을 설계하는 기초가 된다.

"앞으로 어떤 방식으로 진행되길 원하시나요?"
"이미 고려하고 계신 방법이 있다면 말씀해 주세요. 함께 조율해 보겠습니다."

이처럼 KBOP 모델은 고객의 심리적 문을 여는 강력한 대화 프레임이다. 이제 이 중 첫 단계인 '발견Discover'에서 구체적으로 어떤 질문을 던지고, 어떻게 경청하며, 관찰할 수 있는지에 대해 더 자세히 알아보자.

"_____에 대해서 고객님과 얘기 나눌 준비가 되어 있어요. 저는 저희 상품이 시장에서 최고라고 확신하고 있지만, 먼저 고객님의 생각과 기대에 맞는지 확인하고 싶거든요. 이 대화를 통해 고객님께서 진짜로 원하시는 게 뭔지 여쭤보고 싶어요."

"_____에 대해 제 의견을 말씀드릴 수는 있지만, 그보다 먼저 고객님께서 뭘 원하시는지를 정확히 아는 게 중요하다고 생각해요. 이번 구매를 통해 어떤 목표를 이루고 싶으신지 말씀해 주실 수 있을까요?"

"제가 왜 많은 고객들이 _____를 선택하는지 여러 이유를 설명드릴 수는 있어요. 하지만 고객님께 가장 맞는 도움을 드리려면, 우선 고객님이 진짜로 찾고 계신 게 뭔지 아는 게 먼저인 것 같아요. 그래서 여쭤보고 싶은데요, 어떤 이유로_____를 찾고 계세요?"

"참고로 말씀드리면 저는 이 상품에 대해 자세히 설명드릴 준비가 되어 있고, 다른 고객들이 어떤 도움을 받았는지도 소개해 드릴 수 있어요. 하지만 그전에 먼저 고객님 상황을 제대로 파악했는지부터 확인하고 싶거든요. 그래서 몇 가지 질문을 드려도 괜찮을까요? 예를 들어, _____를 사려고 하셨을 때 가장 먼저 떠오른 목적이 뭐였나요?"

이런 대화는 고객이 구매를 결심하게 되는 가장 중요한 이유를 알아내기 위한 과정이다. 시간이 많이 걸리지도 않고, 오히려 그들의 목표가 뭔지 파악하면 대화를 더 효과적으로 이끌 수 있다. 고객이 이 상품을 통해 뭘 이루려 하는지, 어떻게 쓸 계획인지, 왜 이 상품이 필요한지를 들어보는 게 핵심이다.

또 하나 중요한 점은, 이 과정이 단순히 정보를 듣는 데 그치지 않고, 고객과 신뢰를 쌓는 데 있어 매우 효과적인 방법이라는 것이다. 이른바 "대화 전환하기"를 마무리할 때는 고객이 말한 목적을 정확히 이해했음을 말로 표현하며 확인하는 것이 꼭 필요하다. 성급한 영업인들은 이 부분을 생략해버리곤 하지만, 그렇게 하면 고객과 관계를 제대로 맺지 못하는 경우가 많다. 그런 실수를 해서는 안 된다. 아래는 그 확인을 자연스럽게 마무리하는 예시이다.

"그럼 제가 제대로 이해했는지 확인해 볼게요. 고객님께서 오늘 저를 만나신 주된 이유는 리스 만료가 다가오고 있어서, 지난번만큼 만족스러운 새 모델을 찾고 계시다는 거죠?"

"이쯤에서 고객님의 목적을 제가 잘 이해하고 있는지 확인해 보고 싶어요. 지난번에 맡기셨던 컨설턴트가 너무 소극적이어서, 이제는 좀 더 적극적으로 고객님의 자산을 관리해 줄 전문가를 찾고 계시다는 말씀이시죠? 그리고 그런 점이 투자 성과에 영향을 줬다고 느끼셨기 때문에, 다시는 그런 일이 없길 바라신다는 거고요. 또, 제 철학과 접근법에 대해서도 알고 싶으신 거고요?"

"그럼 오늘 이 미팅의 목적은, 이번 비즈니스 기회가 앞으로 고객님께 어떤 다른 기회로 이어질 수 있는지를 파악하는 거라고 봐도 될까요?"

결국 이 모든 표현은 다음과 같이 정리할 수 있다.

"제가 제대로 이해했다면, 고객님께서는 _____를 원하시는 거죠. 맞나요?"

새로운 고객을 처음 만나든, 기존 고객과 여러 번 만나든, 이 '대화 전환하기' 단계는 늘 필요하다. 이 단계를 거치면 다음과 같은 이점이 있다. 고객과의 대화를 더 효율적으로 이끌 수 있고, 신뢰를 쌓을 수 있으며, 고객에게 맞지 않는 상품을 권하는 실수를 피할 수 있다.

무엇보다 고객의 시간을 아끼고, 자신의 상품이 진짜 필요한 사람에게 제대로 전달될 수 있도록 돕는 것이다. 우리가 고객을 먼저 이해하려는 시간은, 결국 우리 모두에게 이득이 된다.

## ❷ 프레젠테이션에 대한 부담감 다루기

가끔 계약을 목전에 둔 순간까지 왔지만, 정작 프레젠테이션을 원하지 않는 고객을 만날 때가 있다. 사실 3~4분 정도 짧은 프레젠테이션을 습관적으로 하는 영업인들을 흔히 본다. 이런 영업인들은 프레젠테이션 도중에 시선을 한 번도 주지 않은 채 이메일을 읽으며 "무슨 얘기든 그냥 하세요"라는 고객의 반응을 받을 때가 많다.

이처럼 무심하고 방어적인 태도는 영업인 입장에서 꽤나 버거운 현실이다. 문제는 많은 영업인들이 별다른 고민 없이 고객 사무실로 들어가 프레젠테이션을 하도록 훈련받아왔다는 데 있다. 이건 너무 흔한 광경이다.

이런 저항에 부딪혔을 때는 '대화 시작하기'에 들어가기 전에, 먼저 이렇게 말하는 것이 좋다.

"오늘 저희 서비스에 대해서는 충분히 준비해왔는데요. 그런데 고객분이 뭘 원하시는지도 모르고 무작정 제안부터 드리는 건 좀 아닌 것 같더라고요. 제가 경험해 보니까, 고객분들 상황을 정확히 파악하고 맞춤으로 접근할 때 결과가 훨씬 좋거든요. 그래서 몇 가지만 더 여쭤보면서 정말 도움이 될 만한 방향으로 얘기해 보고 싶은데, 어떠세요?"

만약 이렇게 '대화 시작하기'를 시도했는데도 고객이 계속해서 "그냥 프레젠테이션 해달라"고 요구한다면, 그때는 고객이 원하는 대로 방향을 바꾸는 게 맞다. 이 부분에서 고객과 다투려 해봤자 도움이 되지 않는다.

핵심은 내가 속한 업종과 고객 특성에 대해 충분히 알고 있어야 한다는 점이다. 어떤 고객은 설명을 듣고 싶어 하고, 또 어떤 고객은 코칭 중심의 접근을 원한다. 우리가 사용하는 방법을 고객이 잘 모르거나, 신뢰할 만한 제3자를 통해 소개되지 않은 상태라면 거부감이 생길 수도 있다.

결국 중요한 건, 고객을 파악하고 거기에 맞는 접근법을 현명하게 선택하는 판단력이다. 코칭 모델은 일단 한 번 익혀두면, 특별한 상황이 아닌 한 자동으로 활용할 수 있어야 한다. 이 모델은 단순한 임의 방문이나 콜드콜을 위한 기법이 아니다. 고객에게 깊은 인상을 남기고, 장기적인 신뢰 관계를 쌓고자 하는 영업인을 위한 전략이다.

### 3 KBOP의 B : 이득 Benefits

목적과 과정에 대한 합의가 형성되면 KBOP 과정의 'B', 즉 '이득Benefits' 단계로 넘어간다. 이 단계에서는 고객이 자신의 목적과 연결된 구체적인 이득이 무엇인지 자연스럽게 드러내고, 그것을 함께 인식해나가는 데 초점을 맞춘다.

여기서 중요한 건 고객이 스스로 큰 그림을 떠올릴 수 있게 도와주는 것이다. 자신의 목표와 연결된 이득을 마음속에 그려볼 수 있도록 대화를 유도하면, 고객은 구매하고자 하는 동기를 더 강하게 느끼게 된다. 동시에 고객과의 유대감도 깊어진다.

이득을 드러내는 데 도움이 되는 대표적인 질문은 다음과 같다.

"_____을 구매했을 때, 당신의 인생 계획에 어떤 영향을 미칠 것 같습니까?"

"_____을 소유하게 되면 당신에게 어떤 이득이 있을까요?"

"왜 _____을 구매하려는 겁니까?"

"_____을 갖게 된다면 어떤 비전을 상상해 볼 수 있나요?"

이런 질문들을 충분히 익혔다면, 이제는 업종별로 어떻게 적용할 수 있는지도 감을 잡을 필요가 있다.

아래는 업종별로 응용 가능한 질문 예시다.

### [ 금융 서비스 ]

"한 명의 재정 컨설턴트에게 모든 자산을 맡기면 어떤 장점이 있다고 생각합니까?"

"당신이 기대하는 컨설턴트와의 관계가 앞으로의 인생 계획에 어떤 영향을 줄 수 있을까요?"

### [ 코칭 및 훈련 분야 ]

"목표에 집중하게 도와주는 코치를 두는 것에 대해 어떻게 생각합니까?"

"자신감을 높이는 스킬을 영업팀에게 훈련시키는 것이 당신에게 어떤 긍정적인 효과를 가져올 수 있을까요?"

**[ 자동차 산업 ]**

"왜 이 차를 구매하려는 건가요?"
"컨버터블 자동차를 소유한다면 어떤 느낌일까요?"

**[ 보험 ]**

"가족의 주택 자금이나 자녀 학자금을 모두 준비할 수 있는 보험을 갖게 된다면 어떤 점이 달라질까요?"
"보험을 들고자 하는 가장 큰 이유는 무엇입니까?"

**[ 부동산 ]**

"더 넓은 공간을 갖게 된다면 어떤 장점이 있을까요?"
"큰 주택을 구입하는 것이 당신의 미래 계획과 어떤 연결이 있을까요?"


 물론 위의 예시는 일부에 불과하고, 업종마다 무수히 많은 질문이 가능하다. 그러나 지금 제시한 정도의 질문만으로도 대부분의 업종에 충분히 적용 가능하다는 점을 확인할 수 있다.
 이때 가장 중요한 것은 겉으로 드러나는 표면적 이슈가 아니라 감정 깊숙한 곳에서 나오는 진짜 대답을 끌어내는 것이다.
 예를 들어 "왜 이차를 구매하시려는 건가요?"라고 물었을 때, "멋있어서요"와 같은 대답보다는 "성능과 안전성을 함께 고려하면 가족도 챙기고, 저 자신에게도 만족스러운 선택이 될 것 같아서요"라는 대답을 끌어내야 한다.

　이런 진심 어린 답변이야말로 고객의 진짜 니즈를 이해하게 만들고, 평생 고객으로 이어질 수 있는 가능성을 열어준다.

　하지만 모든 고객이 처음부터 본심을 말하지는 않는다. 신뢰가 충분히 쌓이지 않았다면 더욱 그렇다. 그래서 고객의 눈빛에서 '무언가 발견되었을 때' 즉, 진정한 이득에 대한 자각이 생겼을 때 반짝이는 순간이 올 때까지, 질문을 멈추지 말아야 한다.

　'대화 시작하기'와 마찬가지로 이 단계도 '반영하고 명료화하기' 모델을 따른다.

　고객의 이야기를 경청하고, 그것을 자신의 언어로 요약해서 반영한 뒤, 고객과 내가 같은 그림을 그리고 있다는 것을 말로 확인하거나, 고객의 고개 끄덕임을 이끌어내야 한다. 이 합의가 형성되기 전까지는 KBOP의 다음 단계로 넘어가선 안 된다.

　이후 단계에서는 우리가 '3포인트 플레이three-point play'라고 부르는 방법을 활용해, 상품이나 서비스의 이득을 효과적으로 전달하는 기술을 다룰 것이다.

　그 파트를 마친 후 다시 이 섹션으로 돌아와, 지금까지 나눴던 대화 안에서 이득과 관련된 발견 질문을 어떻게 구성할 수 있을지 되돌아보게 될 것이다.

## 4 KBOP의 O : 장애물 Obstacles

　합의를 이끌어냈다면, 이제 KBOP의 'O', 즉 고객의 목적 달성에 장애가 되는 요소를 드러내고 반영하는 단계로 넘어가야 한다.

거의 대부분의 경우, 고객이 과거에 구매하지 않았던 이유가 있었고, 지금 이 순간에도 결정을 미루게 만드는 무언가가 존재한다. 그 장애물은 돈일 수도 있고, 가족 간의 의견 차이, 혹은 '자신을 위해 좋은 것을 사는 것'에 대한 죄책감 같은 심리적인 이유일 수도 있다.

그렇다면 왜 이 장애 요소들을 미리 파악하는 것이 중요할까? 이유는 단순하다. 과거에 구매를 방해했던 원인과 현재의 저항 요인을 의식 위로 끌어올려야, 상품과 고객의 니즈 사이에 가로막힌 보이지 않는 장벽을 제거할 수 있기 때문이다. 만약 이 장애물이 드러나지 않는다면, 우리는 마치 지뢰밭 위에서 설득을 시도하는 셈이다.

이 장애물들을 파악하기 위한 질문은 생각보다 간단하다.

"과거에 _____을 구매하지 않았던 이유는 무엇이었습니까?"

"지금 _____을 구매하는 데 방해가 되는 게 있다면 어떤 것입니까?"

예를 들어보자.

과거에 어떤 고객이 보험을 가입하지 않았던 이유가, 아내가 '죽음을 이야기하는 것' 자체를 꺼려 했기 때문이라고 가정해 보

자. 이런 정보는 결정을 뒤흔들 정도로 중요하다. 만약 "왜 이전에 이 상품을 구매하지 않으셨나요?"라는 질문을 던지지 않았다면, 아내를 상담 자리에 초대하는 일도 없었을 것이고, 결국 그 고객과 계약을 체결할 기회도 잃었을 것이다.

이처럼 장애물을 발견하면, 그 문제를 고객과 함께 바라보고 다양한 해결 방안을 모색할 수 있다. 장애물이 무엇인지 모르는 상태에서 무작정 설명을 이어가는 건, 지뢰밭 한가운데서 성공을 기대하는 것과 같다.

다양한 업종에 적용할 수 있는 장애물 탐색 질문 예시는 다음과 같다.

**[ 정보기술 ]**
"과거에 우리 회사의 서버를 도입하지 않았던 이유는 무엇입니까?"
"지금 시스템 업그레이드를 망설이게 만드는 요소는 무엇인가요?"

**[ 주택자금 대출 ]**
"예전에 대출을 받지 않았던 이유는 어떤 것이었습니까?"
"지금 새 집을 구매하는 데 있어 주저하는 이유는 무엇인가요?"

다시 강조하지만, 이 단계에서도 KBOP의 핵심 원칙, 즉 '반영하고 명료화하기'를 반드시 따라야 한다.

고객의 장애 요소가 드러났다면, 바로 다음 단계로 넘어가기 전에 잠깐 멈춰서 고객의 말을 정리하고, 그 내용을 고객의 언어로 다시 반영하고 명료화해줘야 한다.

예를 들어 이렇게 말할 수 있다.

"그러니까 정리해 보면, 사모님이 죽음 얘기하는 걸 좀 힘들어하시는 편이고, 그래서 사모님 동의 없이 혼자 보험을 결정하기가 좀 그러셨다는 말씀이시죠?"

이런 식으로 고객이 "그래, 맞아" 하고 고개를 끄덕이는 순간이 올 때까지 기다려야 한다. 고객이 자신의 장애 요소를 당신이 정확히 이해했다고 인정하면, 그다음은 간단하다. 함께 해결 방안을 고민해 볼 수 있는 협력의 지점이 생기기 때문이다.

### 5 KBOP의 P : 계획 Plans

KBOP의 마지막 단계는 고객의 '계획Plans)을 묻는 것이다.

여기서 핵심은, 반영하고 요약하기 모델을 활용해 고객의 과거와 현재의 구매 계획을 구체적으로 드러내는 데 있다.

다음은 이 단계에서 사용할 수 있는 대표적인 질문들이다.

"_____을 찾기 위해 지금까지 어떤 행동을 해왔습니까?"
"현재 _____에 대해 어떤 계획을 가지고 있습니까?"

이런 질문을 통해 고객이 지금까지 어떤 방향으로 움직여 왔는지를 파악하면, 경쟁사와 어떤 접점이 있었는지 그리고 지금

이 순간 고객이 얼마나 진지하게 구매를 고려하고 있는지 가늠할 수 있다. 또한 고객과 효율적으로 협업하기 위해 필요한 추가적인 정보들도 함께 발견된다.

이러한 정보 없이 상담을 진행하면, 실력이 부족해서가 아니라 핵심 정보를 놓쳐서 계약을 놓치는 일이 생길 수 있다.

다양한 업종별로 적용 가능한 질문 예시는 다음과 같다.

### [금융업]

"거래 은행을 정하기 위해 지금까지 어떤 노력을 하셨습니까?"

"금융 서비스와 관련해서 특별한 필요를 충족시키기 위한 현재 계획은 무엇입니까?"

### [코칭 및 훈련]

"코치를 찾으실 때 어떤 기준이나 방법을 사용하셨습니까?"

"팀원 간 갈등 조정을 위한 훈련에 대해 현재 어떤 계획을 세우고 계십니까?"

이 단계의 또 다른 중요한 의미는, 고객이 실패했던 과거의 방식을 되풀이하지 않도록 도와줄 수 있다는 점이다.

만약 고객과 10분 동안 솔루션을 설명했는데, 고객이 "그건 전에 들어봤는데 별로였어요"라고 한다면, 얼마나 당황스럽겠는가?

과거와 현재의 계획을 미리 알고 있었다면 이런 상황은 피할 수 있었을 것이다. 즉, 이 질문들은 단순히 정보를 얻기 위한 수단이 아니라, 고객과의 대화를 더 효율적이고 전략적으로 이끄는 핵심 도구가 된다. 고객의 니즈에 딱 맞는 방향으로 대화를 전개할 수 있게 된다.

KBOP의 이 마지막 단계뿐 아니라, 이 책에서 제시하는 모든 코칭 질문은 업종이나 상황에 관계없이 고객으로부터 핵심적인 정보를 이끌어내고, 이를 바탕으로 효과적이고 설득력 있는 프레젠테이션과 상담을 가능하게 만든다.

### 6 KBOP 요약

KBOP의 목적은 고객의 필요와 관점을 정확히 파악하는 데 있다. 이 과정은 네 가지 단계로 구성된다. 정리하면 다음과 같다.

**대화 시작하기(K)** — 자신감과 준비된 자세를 보여주며 대화를 시작하고, 고객의 목적에 대해 질문한 뒤, 구두로 그 목적에 대한 합의를 도출한다.

**이득(B)** — 고객이 상품을 구매했을 때 얻게 될 이득을 선명하게 드러내고 반영한다.

**장애(O)** — 고객이 구매 결정을 내리는 데 방해가 되는 장애 요소를 드러내고 반영한다.

**계획(P** — 고객의 과거 시도와 현재 구매 계획을 모두 드러내고 반영한다.

KBOP 과정을 충실히 마치면 자연스럽게 코칭 대화의 논의 단계로 이어지고, 궁극적으로는 결정 단계로 나아가게 된다.
이 KBOP 과정이 얼마나 중요한지 한 가지 사례로 그 의미를 되짚어보자.

내 친구 K는 15년 넘게 알고 지낸 오랜 지인이다.
친구 K는 15년 넘게 알고 지낸 가까운 사이였다.
어느 날 오랜만에 만나 이런저런 이야기를 나누던 중, 내가 무심코 "요즘 뭐 하고 지내?"라고 물었다.
그러자 K는 자신이 국내 최고 수준의 백화점 본사에 근무하고 있었고, 전국 지점 건물에 들어갈 정수기, 비데 같은 환경가전 렌털 제품을 새로 도입하기 위해 다양한 브랜드를 검토하고 있다고 했다.
그 순간 나는 깜짝 놀랐다. 마침 며칠 전, 내가 재직 중인 회사 제품이 경쟁사보다 수익성과 내구성 면에서 훨씬 뛰어나다는 자료를 본 직후였기 때문이다. 그래서 조심스럽게 "혹시 우리 회사 제품도 함께 검토해 볼 수 있을까?"라고 말했다.
정식으로 영업하려는 의도는 전혀 없었다. 당시 나는 임원이었고 영업담당도 아니었다. 단지 친구와 나누는 자연스러운 대화의 흐름이었다.

그런데 그 대화는 내가 근무하던 회사에 월 렌털료 2억 원 규모의 주문서를 가져다주었다. 내가 한 일이라고는 단지 "요즘 뭐 하고 지내?"라고 물은 것뿐이었다. 그러니까 이건 일종의 비공식적인 KBOP였던 셈이다.

놀라운 건, 원래 이 프로젝트에 제안하려고 했던 경쟁사의 영업인이 K에게 단 한 번도 "지금 어떤 제품을 찾고 있는지", "도입 목적이 무엇인지" 묻지 않았다는 사실이다. 그저 자기 상품 설명만 하고 지나간 것이다.

고객이 먼저 말해주길 기대하는 건 착각이다. 질문은 우리가 해야 한다. 만약 그 영업인이 KBOP의 흐름을 제대로 따라갔다면, 결과는 충분히 달라졌을 수도 있다. 그러나 그렇게 하지 않았기 때문에, 2억 원 규모의 월 렌털 계약을 내가 가져오게 된 것이다.

이 사례는 이론이 아니라 실제 현장에서 KBOP가 얼마나 강력한 도구인지, 그리고 질문의 힘이 얼마나 큰지를 보여주는 상징적인 장면이다. 내가 한 일은 단지 "요즘 뭐 하고 지내?"라고 물은 것뿐이었다. 일종의 비공식적인 KBOP 대화였던 셈이다.

질문은 영업인의 몫이다. 적절한 질문 없이 핵심을 파악하긴 어렵다. 만약 그 경쟁사의 영업인이 KBOP의 네 단계를 충실히 따랐다면, K의 니즈를 명확히 파악하고 제안했을 것이고, 결과는 달라졌을 수도 있다. 하지만 과정을 생략했기 때문에 그들은

2억 원 규모의 기회를 놓쳤다.

이 사례는 KBOP가 단순한 이론이 아니라, 실제 영업 성과에 직결되는 실천 도구라는 점을 명확히 보여준다.

## SECTION 3-4
## 코칭 도구 : TEAM

다음 주제로 넘어가기 전에, 당신이 실전에 바로 활용할 수 있는 중요한 도구 하나를 소개하고자 한다. 3D 코칭 영업 모델의 각 단계에서 가장 유용하다고 판단되는 코칭 도구를 하나씩 제시한다.

이번 장에서 소개할 도구는 '발견' 단계에서 핵심 무기로 작용하는 TEAM이다. TEAM은 고객의 행동 유형과 선호 성향을 파악하는 프레임이다.

표준화된 상품이나 서비스를 판매하더라도, 혜택은 고객의 니즈에 따라 달라져야 한다. 예를 들어 누군가에게 자동차를 판매한다고 가정해 보자. 어떤 특징을 강조해야 할까?

물론 '발견 질문'을 통해 정보를 얻을 수 있지만, 그 정보만으로는 어떤 가치를 중심에 둘지 판단하기 어렵다. 어떤 고객은 안전성에 민감할 수 있고, 어떤 고객은 연비나 효율성, 또 어떤 고객은 최신 기술이나 디자인의 세련됨에 더 관심을 가질 수 있다.

이런 차이는 단순히 취향의 문제가 아니다. 고객의 행동 유형을 이해하면, 대화의 방향이 명확해지고 무엇을 어떻게 강조해야 할지도 자연스럽게 드러난다.

사람들은 자기와 비슷한 유형의 사람과 함께 있을 때 편안함을 느낀다. 외국에 여행을 가서 그 나라 말을 할 줄 안다면, 당연히 그 언어로 대화하려 하지 않겠는가?

TEAM은 바로 그런 '고객의 언어'를 파악하고 사용하는 도구다. 물론 그 나라 출신일 필요는 없다. 중요한 건 상대가 편안하게 느끼는 방식으로 말하는 것이다.

예를 들어보자. 사람들마다 행동 속도와 집중 방식이 다르다. 어떤 사람은 빠르게 말하고, 즉시 결정을 내리며, 추진력이 강하다. 이런 사람은 주도적이고, 인내심이 부족하며, 속도감 있게 대화를 끌고 간다. 반면 어떤 사람은 말하기 전에 생각을 오래 하고, 정보를 꼼꼼히 따져보며, 조심스럽게 접근한다.

이들은 신중하고 내성적이며, 행동보다는 분석에 더 집중한다. 또 어떤 사람은 논리와 과업에 초점을 맞추는 반면, 또 다른 사람은 사람과 관계에 더 민감하게 반응한다. 중요한 건 누가 더 낫고 못한 것이 아니라, 서로 '다를 뿐'이라는 점이다. 세상은 이 모든 유형의 사람이 함께 있을 때 비로소 균형을 이룬다.

이처럼 행동 속도(빠름 vs 느림)와 집중 방향(사람 vs 과업)을 조합하면 TEAM은 사람의 유형을 다음과 같은 네 가지 대표 유형으로 나눈다. 이 네 가지 유형은 곧 당신이 고객과 대화할 때 어떤 전략을 사용해야 하는지를 결정하는 기준이 된다.

다음 장에서는 TEAM의 네 가지 유형 각각을 구체적으로 살펴볼 것이다.

| 구분 | 질서 정연-주저 | 추진력-주도 |
|---|---|---|
| 사람/관계지향 | 사교형 | 분석가형 |
| 논리/업무 지향 | 동기부여형 | 기업가형 |

그럼 각 유형을 좀 더 상세히 알아보자.

### 1 TEAM 행동 유형 4가지

**사교형(T : Team-player)**

사교형은 관계와 안정감을 중시한다. 타인과의 조화로운 협력을 추구하며, 침착하고 차분한 성향을 보인다. 대화에서 상대를 존중하고 공감 능력이 뛰어나며 말보다는 듣는 데 강점이 있다. 팀플레이에 능하고, 다른 사람의 니즈를 자연스럽게 파악해 반응한다. 이들은 변화와 갈등을 불편해하고 강하게 몰아붙이는 영업인을 부담스러워한다. 또한 자신의 니즈를 직접적으로 표현하지 않는 경우가 많아 때로는 별다른 이유 없이 연락을 끊기도 한다.

— 미니밴을 판매할 때는, 가족과의 안전한 여행, 함께하는 시간의 소중함을 강조하라.

— 화장품을 판매할 때는, 함께 사용하는 즐거움, 피부에 주는 편안함, 주변을 배려하는 부드러운 이미지를 강조하라.

— 주택을 판매할 때는, 조용한 주거 환경, 이웃과의 조화, 가족 중심 설계를 강조하라.

### 기업가형(E : Entrepreneur)

기업가형은 결과 지향적이다. 삶의 도전을 돌파해 구체적인 성과를 얻는 데 에너지를 집중한다. 직설적이고 자신감 넘치며, 강한 추진력을 갖춘 반면, 대화 중에 상대방의 말을 끊거나 논쟁을 즐기기도 한다. 이들은 통제받는 것을 싫어하고, 자신감이 부족한 영업인을 경시한다. 영업인이 자신을 이용한다고 느끼면, 즉각적으로 불쾌감을 드러낼 수 있다.

— 미니밴 판매 시에는, 여러 대의 차량이 필요 없고 모두 한 번에 이동 가능하다는 효율성과 시간 절약을 강조하라.

— 화장품을 판매할 때는, 단시간에 눈에 띄는 효과, 프리미엄 브랜드의 상징성, 관리의 효율성을 높이는 스마트한 선택임을 강조하라.

— 주택을 판매할 때는, 수익형 부동산 가능성, 입지 우위, 재산 증식 관점을 강조하라.

### 분석가형(A : Analyst)

분석가형은 정확성과 기준을 중시한다. 내성적이고 신중하며, 규칙에 따라 '올바르게' 일하려는 성향이 강하다. 대화는 조심스럽고 느리며, 자료와 근거 중심의 논리를 선호한다. 이들은 전문성이 없는 영업인에게 신뢰를 보내지 않고, 불명확하거나 모호한 설명을 싫어한다. 빠르게 신뢰를 쌓기 어려운 경우도 많으며 흑백논리에 빠지는 경향도 있다.

— 미니밴을 판매할 때는, 연비 절감 수치나 효율성 같은 정량적 정보를 강조하라.
— 화장품을 판매할 때는, 임상 실험 결과, 성분의 효과에 대한 과학적 근거, 피부 테스트 데이터를 제시하라.
— 주택을 판매할 때는, 건축 구조, 관리비, 입주 통계 등 명확한 수치, 투명한 서류를 제시하라.

**동기부여형(M : Motivator)**

동기부여형은 영향력과 인정을 통해 동기를 얻는다. 활기차고 감정 표현이 풍부하며, 설득력이 강한 성향이다. 다만 산만해질 수 있고 거부당하는 것에 예민하다. 이들은 무미건조하거나 지루한 프레젠테이션을 싫어한다. 아무리 좋은 상품을 소개하더라도, 영업인의 에너지나 태도가 어울리지 않으면 바로 마음이 식는다.

— 미니밴 판매 시에는, 뒷좌석 DVD 시스템이나 온 가족이 함께 즐길

수 있는 경험의 즐거움을 강조하라.
— 화장품을 판매할 때는, 화사한 변화, 남들의 반응, 사용 후 자신감이 올라가는 즐거운 경험을 강조하라.
— 주택을 판매할 때는, 세련된 인테리어, 남들의 반응, 프리미엄 이미지를 강조하라.

중요한 점은 이 네 가지 유형 중 어느 것이 '정답'인 것은 없다. 모든 유형에는 강점과 약점이 있고, 대부분의 사람은 이 네 가지 성향을 혼합해서 갖고 있다. 따라서 당신의 성향이 무엇이냐가 아니라 고객의 유형에 맞게 적응할 수 있느냐는 것이다.

예를 들어, 동기부여형 영업인이 열정적으로 말한다고 해도 상대가 분석가형이라면 그 과잉된 에너지가 오히려 거부감으로 작용할 수 있다. 또한 기업가형이 사교형 고객을 몰아세우면, 상대는 입을 닫고 거리를 둘 것이다.

가장 효과적인 코치는 고객의 내면에 존재하는 'TEAM 요소'를 읽어내고, 그에 맞게 접근을 조율하는 사람이다. 이 행동 유형만으로도 책 한 권이 나오고, 하루 종일 워크숍을 진행할 수도 있다. 여기서 모든 걸 다룰 수는 없지만, 반드시 기억해야 할 핵심 원칙은 다음과 같다.

## ❷ 자신의 유형을 알아보기

영업인은 누구나 자신의 성향에 따라 특정한 커뮤니케이션의 도전을 마주하게 된다.

**T (사교형 : TeamPlayer)**
➜ 너무 간접적이거나 미온적으로 보일 수 있다.

**E (기업가형 : Entrepreneur)**
➜ 강압적이거나 무신경하며, 참을성이 없어 보일 수 있다.

**A (분석가형 : Analyst)**
➜ 지나치게 꼼꼼하거나 냉담하게 보일 수 있다.

**M (동기부여형 : Motivator)**
➜ 열정만 넘치고 세부사항에 약한, 말만 앞서는 영업인으로 보일 수 있다.

이것은 단순한 성향 차이가 아니라 고객이 당신을 어떻게 인식하느냐에 직결되는 문제다.
고객이 이런 식으로 당신을 본다면, 당신의 역량은 전달되지 않는다. 따라서 중요한 건 자기 유형을 고집하는 것이 아니라, 고객의 유형에 맞춰 나를 조율하는 능력이다.

### ❸ 고객의 유형을 파악하는 2가지 질문

TEAM 유형을 빠르게 추정하기 위한 두 가지 기준은 다음과 같다.

― 이 사람은 빠르고 즉흥적인가, 아니면 신중하고 체계적인가?
― 이 사람은 업무와 논리 중심인가, 아니면 사람과 관계 중심인가?

이 두 축으로 고객의 행동 성향을 관찰하면, 어떤 방식으로 대화해야 할지 방향이 잡힌다. 게다가 KBOP를 활용하면서 고객이 어떤 질문에 반응하고, 어디에 관심을 두는지 살펴보면, 자연스럽게 고객의 유형이 드러난다.

### 4 고객 유형별 커뮤니케이션 전략

#### 사교형 고객 (T : Team-Player)

| 해야 할 것 | 피해야 할 것 |
| --- | --- |
| ― 배려심 있는 태도 유지 | ― 결정을 재촉하지 말 것 |
| ― 천천히, 단계별로 진행 | ― 감정을 무시하거나 속도를 강요하지 말 것 |
| ― 감정과 우려에 귀 기울이기 | ― 관계보다 업무에만 집중하지 말 것 |
| ― 새로운 제안은 부드럽게 소개 | |

#### 기업가형 고객 (E : Entrepreneur)

| 해야 할 것 | 피해야 할 것 |
| --- | --- |
| ― 간결하게 말하기 | ― 걱정하는 모습 보이지 말기 |
| ― 결과 중심으로 설명 | ― 감정적이거나 느린 대화 피하기 |
| ― 스스로 주도하게 하라 | ― 논쟁에 휘말리지 말 것 |
| ― 자신감 있게 아이디어 제안 | |

### 분석가형 고객 (A : Analyst)

| 해야 할 것 | 피해야 할 것 |
|---|---|
| — 꼼꼼하게 정리된 정보 제공 | — 말로만 설득하지 말 것 |
| — 검증된 자료 중심 설명 | — 산만하거나 감정 중심적인 프레젠테이션 금물 |
| — 프로세스를 정확하게 전달 | — 압박하거나 정리되지 않은 자료 사용 금지 |
| — 고객의 전문성을 존중 | |

### 동기부여형 고객 (M : Motivator)

| 해야 할 것 | 피해야 할 것 |
|---|---|
| — 활력 있고 긍정적인 태도 유지 | — 지나치게 디테일에 집착하지 말기 |
| — 대화에 리듬과 유쾌함 더하기 | — 지루한 방식이나 딱딱한 설명은 금물 |
| — 미래의 가능성과 성공 이미지 제시 | — 거절하는 분위기 조성하지 말 것 |
| — 융통성 있게 대처 | |

유형을 읽는 것은 무기를 날카롭게 가는 일이다. TEAM 유형을 읽지 못한 채 대화에 임하는 것은 무딘 도끼로 나무를 베는 것과 같다. 하지만 고객의 유형에 따라 목소리 톤, 속도, 표현 방식을 바꾼다면 훨씬 적은 힘으로 더 큰 효과를 낼 수 있다.

자신의 성향을 파악하고, 고객의 유형에 맞춰 조율하며, KBOP 과정을 충실히 실행했다면 이제 3D 코칭 영업 모델의 다음 단계로 나아갈 준비가 된 것이다.

## 5 "3D 모델"의 다음 단계로 넘어가기 : "논의" 단계

자동차가 원활하게 달리기 위해 연료와 오일이 필요하듯, 대화에도 끊김 없이 부드러운 흐름이 필요하다. 기어가 삐걱거리는 소리를 낸다면 차를 세우고 점검하게 되듯, 대화가 삐걱거리기 시작하면 관계는 멈추고 신뢰는 흔들린다. 자연스러운 흐름은 어색함을 지우고, 신뢰와 협력의 에너지를 유지해 준다.

3D 코칭 영업 모델에서 'D' 단계 간의 흐름을 자연스럽게 이어가기 위해서는 반복적인 재점검이 반드시 필요하다.

이 재점검의 목적은 두 가지다.

첫째, 내가 고객의 관점과 동기를 정확히 이해하고 있는가.
둘째, 본격적인 논의에 앞서 고객과 협력의 분위기를 형성할 수 있는가.

다음은 그 예시다.

"그러니까 정리해 보면, 고객님께서는 _____을 원하시는 거고, 저희 상품이 _____라는 부분에서 도움이 될 것 같아서 관심을 보이시는 거죠? 다만 예전에 _____ 때문에 좀 망설이셨던 부분이 있으시고, 지금까지는 _____식으로 해결해오셨던 걸로 보이는데... 제가 맞게 이해한 건가요?"

"네, 좋습니다. 그럼 이제 고객님 생각에 제가 아는 걸 좀 보태서, 같이 가장 좋은 방법을 찾아보면 어떨까 싶은데요. 어떻게 생각하세요?"

이 질문은 '논의' 단계로 넘어갈 수 있는 문을 여는 대화의 전환점이다. 만약 고객이 주저하거나 확신이 없어 보인다면, 다시 처음으로 돌아가야 한다. 이럴 땐 솔직하게 이렇게 말하자.

"제가 앞서 말씀드린 부분에서 분명히 놓친 게 있는 것 같습니다. 제가 좀 더 정확히 이해할 수 있도록 도와주실 수 있나요? 지금 고객님께서 진짜로 찾고 계신 것이 무엇인지요?"

이후 다시 KBOP 과정을 되짚으며, 고객의 현재 상황을 재확인하면 된다.

또 하나의 유용한 기법은 사회적 증거Social Proof, 즉 '시류 편승 효과Bandwagon Effect'를 활용하는 것이다.

이 기법은 고객이 마음의 문을 열도록 돕는 정서적 안정장치로 작용한다. 사람들은 다른 사람들도 같은 선택을 했다는 사실에서 큰 위안을 얻는다. 예를 들어 '치과의사 5명 중 4명이 추천한 껌', '신차 구매자 4명 중 1명이 선택한 브랜드' 같은 문구가 바로 그렇다.

이런 메시지는 고객에게 '이 선택은 검증된 것이고, 당신도 안전하다'는 심리적 신호를 준다. 따라서 고객이 불안해하거나 확신을 가지지 못할 때, 실제 고객 사례나 추천인의 이름, 연락처를 제공하는 것을 주저하지 말아야 한다.

물론 이는 거짓이나 조작이 아닌, 진정한 신뢰와 안도감을 주기 위한 전략적 커뮤니케이션이다.

이제 이 장의 마무리로, 두 가지 실행과제를 제시한다.

**KBOP 각 단계에 대한 실전 적용 연습**

직접 고객과의 대화 상황을 상상하거나 시뮬레이션하면서 각 단계에서 어떤 질문을 던질지 구성해 보라.

**자신의 TEAM 유형 평가 및 전략 조율**

자신의 기본 커뮤니케이션 스타일을 자각하고, 그것이 어떤 유형의 고객에게는 장점, 또 다른 유형에게는 단점이 될 수 있음을 인식하라. 고객의 유형에 따라 자신을 조절하고 최적화하는 법을 실천해 보라.

## 실행과제

### 실행과제 **1** : 우리 업종에 맞는 KBOP 창출하기

이장 전체를 통해 우리는 몇몇 산업에 구체적으로 해당되는 질문과 함께 일반적인 질문을 제시했다. TBOB 과정을 마스터하는 가장 효과적인 방법 중 하나는 우리 직책과 업종에서 구체적으로 사용할 수 있는 질문들을 만들어 보는 것이다. 따라서 아래의 TBOB 단계를 거치면서 미래에 사용할 수 있는 질문들을 만들어 보라. 하다가 뭔가에 문제를 느끼면 이 장의 앞에서 든 예로 다시 돌아가기만 하면 된다.

### 전환하기(Kick─off)

자신감과 자발적 의사, 준비성을 표현하고 고객의 목표에 대해 질문하는 진술문을 만들라. 이 목표에 대한 동의를 표현하는 진술문으로 끝내라 (이 동의의 진술문을 만들기 위해 최근의 상담 내용을 상기시켜야 할 것이다)

### 혜택(Benefits)

다음의 질문들을 취해 우리 상품이나 서비스에 대해 임의로 사용할 수 있는 일반적인 질문으로 바꿔라.

"_____ 을 가지게 되면 고객님께 어떤 도움이 될까요?"

"_____ 와 좋은 관계를 맺을 수 있다면, 고객님 계획에 어떤 플러스가 될 것 같으세요?"

"_____ 을(를) 선택하시면 어떤 점이 좋을까요?

"_____ 에 대해서 앞으로 어떤 계획을 갖고 계세요

"_____ 을(를) 선택하시는 게 지금 계획하고 계신 것과 어떻게 맞아 떨어 질까요?

"_____ 경정하실 때 가장 중요하게 생각하시는 부분이 뭔가요?

"_____ 을(를) 고려하시게 된 가장 큰 이유가 뭘까요?

## 장애물(Obstacles)

아래에 있는 두 가지 일반적인 질문을 당신의 상품이나 서비스에 적용될 수 있도록 확장하거나 향상시켜보라.

**일반 버전 :** 과거에 _____ 의 구매를 망설이게 했던 것은 무엇인가요?
**개인 버전 :**

**일반 버전 :** 지금 _____을 결정하는 게 걸림돌이 되는 것이 있다면 뭘까요?
**개인 버전 :**

**계획(Plans)**

TBOB 과정의 계획 부분과 똑같이 해보라(이 부분은 쉬워 보이겠지만 개념을 마스터할 수 있도록 반복하는 것이라는 점을 기억하라)

**일반 버전 :** _____를 찾기 위해 지금까지 어떤 방법을 써 보셨나요?
**개인 버전 :**
_____

**일반 버전 :** _____를 해결하기 위해 가지고 있는 계획이 있다면 어떤 건가요?
**개인 버전 :**
_____

### 실행과제 ❷ : "3D 모델"의 다음 단계로 넘어가기 위한 자연스러운 흐름 만들기

3D 모델의 논의 단계로 자연스럽게 옮아가기 위해 샘플을 만들어 보라. 이 과제를 할 때 더 완벽하게 빈칸을 채우기 위해서는 최근의 영업상황을 생각할 필요도 있을 것이다. 자연스러운 흐름은 대화를 원활하게 진전시키는 기름과 같은 역할을 한다는 사실을 기억하라. 최근 고객과 나누었던 영업 대화를 떠올려 보고 빈칸을 채워보라.

"그러니까 정리해 보면, 고객님께서는 _____을 원하고 계시는 거죠? (목표 확인)
저희 상품이 고객님께 _____을 해드릴 수 있어서 관심을 갖고

계시는 거고요. (혜택 확인)

다만 예전에는 _____ 때문에 선뜻 결정하기 어려우셨던 부분이 있으셨고, (장애물 확인)

지금까지는 _____식으로 해결해오셨던 걸로 보이는데…(계획 확인)

제가 맞게 이해한 건가요? (동의 얻기)

네, 좋습니다. 그럼 이제 고객님이 원하시는 걸 가장 잘 해결할 수 있는 방법을 같이 찾아보면 어떨까 싶은데요. (협력 의도)

어떻게 생각하세요? 좀 더 구체적으로 얘기해 봐도 될까요?" (허락 구하기)

### 실행과제 3 : 자신의 TEAM 유형

잠재 고객의 유형에 따라 우리 자신의 스타일을 어떻게 바꾸어야 할 것인가? 이 과제를 통해 이에 대한 판단을 내릴 수 있도록 다음 표를 이용하여 모든 유형의 고객들에게 효과적으로 대응하는 데 도움이 되는 방법을 생각해 보라.

| 고객 유형 | 이 유형의 고객과 최고의 연결고리를 만들기 위해서는 어떤 부분을 감소시켜야 하는가? | 이 유형의 고객과 관계를 향상시키기 위해 더 강조해야 하는 행동은? | 이 고객과 최고의 연결고리를 만드는 데 도움이 되는 단어는 무엇인가? |
|---|---|---|---|
| 사교형 | | | |

|  |  |  |  |
|---|---|---|---|
| 기업가형 |  |  |  |
| 분석가형 |  |  |  |
| 동기부여형 |  |  |  |

# SECTION 4

# 코칭 모델의 2단계 :
## 논의
**Discuss**

"충고는 눈과도 같아서, 부드럽게 내릴수록 오래가고 땅에 더 깊이 스며든다."
— 새뮤얼 테일러 코울리지Samuel Taylor Colendge

"충고를 원하는 사람은 아무도 없다. 확인을 원할 뿐이다."
— 존 스타인벡John Steinbeck

## 개요

고객의 목적, 그것을 통해 얻고자 하는 혜택, 구매를 가로막는 장애물 그리고 과거와 현재의 구매 계획까지 파악했다면 이제 진짜 상호작용의 시간이 시작된다.

바로 3D 코칭 영업 모델의 두 번째 단계, 즉 '논의Discuss' 단계다. 하지만 이 지점에서 컨설팅 영업에 능숙한 영업인조차 흔들릴 수 있다. 초반에 고객의 정보를 잘 끌어냈음에도, 정작 그 이후에는 대화가 사라지고 일방적인 프레젠테이션만 이어지는 경우가 너무도 많다.

최악의 경우, 영업인은 고객에게 무차별적으로 여러 혜택을 나열하며 '이 중 하나쯤은 고객에게 맞겠지'라는 막연한 기대에 의존하는 '무차별 난사식 판매'에 빠져버린다. 이것은 더 이상 컨설팅 영업도, 코칭도 아니다. 단지 설명, 설득 그리고 실망으로 끝나는 흔한 실패 시나리오일 뿐이다.

3D 코칭 대화의 '논의' 단계는 고객과 진짜로 '함께 설계하는 대화'를 만들어야 한다. 이 장에서는 고객과 함께 상품이나 서비스의 혜택을 구체화하고, 고객의 목표 달성에 어떤 방식으로 기여할 수 있는지를 설계하는 새로운 접근을 제시한다. 그 핵심 모델은 다음 세 가지로 구성된다. '나누기Share', '멈추기Pause', '동의 구하기Agree' 이 셋을 통해 대화의 리듬을 조절하고, 일방적인 설명이 아닌 상호작용 중심의 대화를 만들어갈 수 있다.

또한 이 단계에서는 영업인이 단순히 설명하는 역할을 넘어서 고객이 스스로 전략을 세우고, 문제를 해결하며, 장애를 돌파할 수 있도록 돕는 '코치'로서의 역할을 수행하게 된다.

마지막으로, 이 장에서는 '스토리보드Storyboarding'라는 강력한 코칭 도구를 활용하는 방법도 다룬다.

스토리보드는 고객의 상황을 시각화하고, 맞춤형 솔루션을 함께 그려내는 도구로 고객의 몰입과 공감을 이끌어내는 데 효과적이다. 이제 '논의' 단계는 정보를 주는 시간이 아니라 고객과 함께 '그림'을 그리고 전략을 짜는 시간이다. 이 과정에서 고객은 단순한 수용자가 아니라 결정과 변화의 주체로 참여하게 된다.

### 현장 경험

2024년 초, 윤석열 정부는 의대 정원을 2,000명 이상 대폭 확대하겠다는 계획을 발표했다. 의료 인력 부족 문제를 해결하고 지방 의료체계를 강화하겠다는 의도에서 나온 정책이었다. 그러나 정책 발표 직후부터 전국 의사단체는 거세게 반발했고, 의대생들은 대규모 집단 휴학과 국가시험 거부로 맞섰다. 왜 이런 반응이 나왔을까? 발표 내용에는 다음과 같은 표현들이 포함되어 있었다.

— 공공의료 기반 확충을 위한 정원 확대
— 지방 및 필수의료 인력의 안정적 확보
— 지역의사제 및 의무복무제 검토
— 의사 수급 불균형 해소

이 표현들은 정책의 방향은 설명했지만, 현장에 있는 사람들의 실질적인 우려나 감정, 관점에 대한 반영은 없었다. 의사들은 '수요보다 공급만 늘리는 조치'라고 보았고, 학생들은 '졸속 추진'과 '의료 질 저하'에 대한 우려를 토로했다.

국민은 혼란스러운 정보 속에서 무엇이 옳은지 판단하기 어려웠다. 결과적으로, 아무리 의도와 방향이 좋았다 하더라도 혼란스러운 커뮤니케이션과 논의 부재는 정책 추진에 심각한 저항을 초래한다.

이 사례는 정책뿐 아니라 영업에서도 똑같이 적용되는 교훈을 준다. 고객이 이해하지 못하면 신뢰하지 않는다. 신뢰하지 않으면 아무리 좋은 상품도 선택하지 않는다.

'논의Discuss' 단계는 단순한 설명이 아니라, 고객의 니즈와 맥락을 이해하고 그들과 함께 전략을 만들어가는 단계다. 만약 이 과정을 생략하거나 일방적으로 몰아붙인다면, 설령 최고의 상품이라 하더라도 거절당할 수 있다. 실제로 많은 영업인이 고객을 설득하려다, 의대 정원 확대처럼 '너희를 위한 좋은 거니까 따라와'라는 식의 커뮤니케이션을 하는 실수를 범한다. 그러나 고객은 그렇게 움직이지 않는다.

고객과 함께 공감→검토→조정의 대화를 만들어야 비로소 논의는 설득이 아니라 설계의 과정이 된다.

몇 년 전, 나도 비슷한 경험을 한 적이 있다. 진단 도구를 공급하고자 찾아온 A라는 영업인이 있었다.

나는 실제로 훌륭한 리더십 프로그램을 찾고 있었고, 관심도 있었다. 하지만 A는 약속 시간 내내 15분간 혼자 설명만 이어갔다. 그는 열

두 가지가 넘는 '혜택'을 이야기했지만 논리적 흐름도 없고, 용어도 낯설었고, 그중 어떤 것도 내가 왜 관심을 가졌는지를 기반으로 하지 않았다. 결과적으로 나는 그의 상품을 거의 이해하지 못했다. 그리고 기억조차 나지 않았다. 그는 나의 니즈를 묻지도, 확인하지도 않았다. 혼란스러운 고객은 신뢰하지 않는다. 신뢰하지 않는 고객은 구매하지 않는다. A는 결국 계약을 성사시키지 못하고 돌아갔다. 돌이켜보면, 그조차 자기 상품을 완전히 정리하지 못한 채 혼란에 빠져 있었던 것 같다.

## 원칙

**"고객과 함께 전략을 설계하라"**

우리 자신에게 던져야 할 질문은 단 하나다.

'나는 고객에게 얼마나 명료하고 간결하게, 그리고 고객의 관점에 맞춘 방식으로 내 상품이나 서비스를 설명하고 있는가?'

그리고 이 질문은 하나 더 따라붙는다.

'나는 이것을 대화를 통해 전달하고 있는가, 아니면 일방적인 독백으로 흐르고 있는가?'

이 장에서는 고객과 함께 대화를 통해 명확한 논의를 나누고, 고객의 목적에 부합하는 핵심 혜택 3가지를 효과적으로 다루는 방법을 제시한다.

영업인들이 이 원칙을 코칭 영업에 더 자주 적용할수록, 고객은 자신의 문제와 도전에 대해 더 깊은 통찰을 얻고, 해결책을 스스로 발견하게 된다. 이것이 곧 구매 결정의 핵심 동력이다. 하지만 고객은 '전문성'도 원한다. 현실적으로 고객, 특히 기업 고객은 단순히 경청만 해주는 상대를 원하지 않는다. 그들은 전문성과 통찰력을 기대한다.

좋은 코치는 고객이 스스로 문제와 도전 과제를 해결할 수 있도록 돕는 사람이다. 코치란 전략을 대신 짜주는 사람이 아니라, 고객이 자신의 문제를 자각하고 그 안에서 해답을 찾을 수 있도록 비춰주는 렌즈와 같다. 하지만 코칭만으로는 부족할 수 있다.

예를 들어 직원 한 명을 코칭 할 때는 고객의 자기 발견을 유도하는 순수한 코칭 방식을 사용한다. 그러나 회사의 HR 책임자와 계약을 논의할 때는, 해당 조직이 겪는 문제에 대해 분명한 의견과 전문적인 제안을 제시해야 한다.

이처럼 우리는 듣고 → 이해하고 → 공감한 후, 신중하게 전문성을 나누는 방식을 택해야 한다. 이것이 바로 이 책에서 소개할 코칭 영업 Coaching Sales의 핵심 구조다.

이 장의 내용이 처음에는 그리 새롭지 않게 느껴질 수 있다. '나는 이미 그렇게 하고 있다'고 생각할 수도 있다. 그러나 여기서 셀프 코칭 질문을 던져보자.

"이 방식이 내가 평소에 하는 것과 정확히 같을까?"
"혹시 내가 놓치고 있던 지점은 없을까?"

작은 차이를 인식하는 것이 가장 큰 전환점이 된다. 새로운 프레임을 받아들이려는 태도는 과거의 신념만 고수하는 것보다 훨씬 더 큰 보상을 안겨준다.

3D 코칭 영업 모델의 '논의Discuss' 단계에서는 Share → Pause → Agree(공유 → 멈춤 → 동의)라는 구조가 중심이 된다.

순수한 코칭에서는 정보를 '제공'하지 않지만, 영업 상황에서는 반드시 어느 순간 정보 공유가 필요하다. 중요한 건 정보를 어떻게 나누느냐다. 그저 나열하듯 말하는 것이 아니라, 공유하면서, 멈춰 반응을 살피고, 동의를 얻는 리듬을 유지해야 한다. 나는 이것을 "3포인트 플레이"라고 부른다.

이 상호작용 방식은 고객의 목적, 우리 상품의 혜택, 고객의 반응을 하나의 흐름으로 연결하는 전략이다. 이 흐름은 단순한 기술이 아니라, 고객의 의사결정에 직접 영향을 주는 설계 방식이다.

이 장의 마지막에서는 세 가지 포인트를 어떻게 구성할 것인가에 대한 도구로 '스토리보딩Storyboarding'을 소개한다.

이 코칭 도구는 '내가 팔고 있는 상품이나 서비스가 실제로 가치 있는 혜택을 담고 있는가?', '이걸 고객에게 설득력 있게 이야기할 수 있는가?'를 사전에 확인하고 구조화하는 데 큰 도움을 준다.

이 작업을 마치고 나면, 당신은 당신이 제공할 수 있는 가장 강력한 3가지 혜택을 명확히 인식하고 말할 수 있게 될 것이다.

SECTION **4-1**

# 3포인트 플레이 : 고객의 마음을 사로잡는 설계

3포인트 플레이는 우리가 제공할 수 있는 해결책을 고객의 니즈에 맞는 '3가지 핵심 포인트'로 정리하는 기법이다.

영업인이라면 누구나 자신이 다루는 상품이나 서비스의 강점과 약점을 꿰뚫고 있어야 한다. 또한 이 강점을 바탕으로 강력한 스토리를 만들어야 한다는 사실도 잘 알고 있다.

하지만 문제는 여기서 시작된다. 너무 많은 정보를 전달하려는 마음이 생길 때, 많은 영업인들이 6개, 7개, 때로는 10개가 넘는 혜택을 무작위로 나열한다. 그러나 고객의 마음은 그걸 다 받아들이지 않는다.

고객의 뇌는 세 개 이상의 메시지를 받으면 집중력을 잃고, 판단력을 떨어뜨리며, 신뢰까지 저하시킨다. 넷째 포인트쯤 가면 고객의 귀에는 그저 '뭔가 좋다는 말의 나열'처럼 들릴 뿐이다.

그렇다면 왜 하필 '세 가지'인가?

인간은 본능적으로 3단 구조에 가장 익숙하다(서론-본론-결론, Before-Now-Future 등). 세 가지는 선택이 가능하면서도 복잡하지 않다. 그리고 무엇보다 고객이 기억할 수 있다.

3포인트 플레이는 영업인이 정보 과잉의 함정에 빠지지 않도록 도와주고, 정확하게 포인트를 고르고, 강하게 전달할 수 있게 해준다. 그래서 발견 단계가 중요한 것이다.

3D 모델의 발견 단계KBOP에서 '고객이 어떤 혜택을 원하고 있는지' 질문하는 이유는 바로 여기에 있다. 고객의 필요를 듣고 → 거기에 맞는 세 가지 혜택을 골라 → 명확하고 설득력 있게 연결해 주는 것, 이것이 바로 3포인트 플레이의 본질이다.

기존 컨설팅 영업은 고객의 목적과 상품의 혜택을 연결하는 것 자체에 집중했다면, 코칭 모델은 그 연결 방식을 설계하고 정렬하는 데 강점을 가진다. 다시 말해, 코칭 모델은 고객의 목적과 상품의 가치를 연결해 주는 '전달 방식'에 대한 전문성을 제공한다.

### SECTION 4-2
## 원활한 연결

앞 장에서 우리는 고객과 함께 목적을 발견한 다음 솔루션을 논의하는 단계로 넘어가는 과정을 자동차 기어의 오일에 비유해 설명했다. 솔루션들을 연결시키는 개념도 동일한 비유로 설명할 수 있다.

오일은 기계가 좀 더 잘 돌아가게 만든다. 매끄러운 연결은 기능 유지에 필수적이다. 영업 상황도 이와 다르지 않다. 다음과 같이 행동했다가 기회를 놓친 영업인들을 상상해 보라.

― 고객의 목적과 관계없는 솔루션 제공
― 솔루션을 고객의 목적과 인위적으로 맞추어 밀어붙임
― 고객의 목적에 솔루션을 맞추려 노력하되 그 방식이 어색하거나 혼란을 줌

이것은 마치 금속에다 금속을 대고 문지르는 것이나 같다. 그러니 여기에서 제시하는 코칭 대화의 다음 단계에 집중하도록 하자. 고객과의 만남에서 여기까지 진행했다면 기초 공사를 끝낸 셈이다. 영업 성공을 위해 고객을 만족시킬 수 있는 대부분의 것을 알고 있는 것이다. 이제는 논의를 할 차례이다.

많은 영업인들이 상담에 있어 이 단계를 '마스터'하는 데 시간을 투자하지 않는 점이 유감스럽다. 이 '논의' 단계를 완전히 습득하면 확고한 관계를 구축할 수 있을 뿐 아니라, 문제가 생기고 도움이 필요할 때 찾아갈 수 있는 사람으로 우리 자신을 자리매김 함으로서 열렬한 팬을 확보할 수 있다. 이미 언급했듯이 3포인트 플레이는 이를 가능하게 하는 기술이다.

SECTION **4-3**

## 3포인트 플레이를 만드는 공식

다음은 고객의 필요에 능숙하게 연결되는 간단하고 강력한

공식이다. 이 공식을 설명하기 위해, 하나의 실제 예시를 들어보 도록 하겠다.

### 공유 포인트 #1

― 필요를 초기의 목적과 다시 연결하라.(대화가 자연스럽게 이어지도록 '부드러운 연결고리' 역할을 해야 한다는 점을 기억하라)
― 질문을 하고 고객과 함께 체크하라.

### 공유 포인트 #2

― 필요를 초기 목적과 다시 연결하라.(대화가 자연스럽게 이어지도록 '부드러운 연결고리' 역할을 해야 한다는 점을 기억하라)
― 질문을 하고 고객과 함께 체크하라.

### 공유 포인트 #3

― 필요를 초기 목적과 다시 연결하라.(대화가 자연스럽게 이어지도록 '부드러운 연결고리' 역할을 해야 한다는 점을 기억하라)
― 질문을 하고 고객과 함께 체크하라.

다음 사례는 누군가가 네트워크 마케팅 사업에 참여하도록 주변 사람을 설득하려는 상황에서, 이 접근법을 어떻게 활용할 수 있는지를 보여준다.

이 시점에서 영업인은 '발견' 단계에서 충분한 시간을 들여 고객이 인생에서 추구하는 세 가지 주요 목표를 파악했을 것이다. 고객의 일부 목적이 우리의 목적과 꼭 일치할 필요는 없지만, 다양한 상황을 보여주기 위해 세 가지 예시를 제시해 보자.

— 재정적으로 자유로워지고 싶다.
— 일정을 스스로 관리하고 싶다.
— 자신의 성공 수준을 직접 결정하고 싶다.

이 고객이 밝힌 장애물은, 10년 동안 그녀의 경력을 억눌러온 고압적이고 꼼꼼한 상사였다. 그녀는 진심으로 직업적 성장과 자유를 원했지만, 현실에서는 늘 '꿈꾸는 수준'에 머물러 있었다. 하지만 지금은 진짜로 움직일 준비가 되어 있었다. 이런 고객에게 비즈니스의 혜택을 목적과 연결해 설명하기 위해 영업인은 이 장 마지막에 소개할 '스토리보딩' 기법을 활용했을 것이다.

**공유 포인트 #1 : 재정적 자유**
"이 일의 가장 큰 매력 중 하나가, 이 분야에서 잘하신 분들은 은퇴하고 나서도 꾸준히 수입이 생긴다는 거예요."

**초기 목적과 다시 연결하기 :** "고객님께서 경제적 여유를 중요하게 생각하신다고 말씀하셨잖아요. 그래서 이 일이 고객님께 괜찮은 기회가 될 수 있을 것 같다고 생각해서요."

**질문을 하고 고객과 함께 체크하기 :** "꾸준히 생기는 수입이 고객님이 원하시는 '경제적 자유'하고 어떻게 맞아떨어진다고 생각하세요?"

잠시 멈추고 고객이 스스로 생각할 시간을 주라. 이후 이렇게 물어보라.

"그럼 결국 '아무것도 안 해도 생기는 수입'이 나중에 경제적 자유를 위해서 정말 중요하다는 거, 저희 생각이 비슷한 것 같죠?"

고객이 "그렇다"고 대답하면, 공유 포인트 #2로 넘어가라.

**공유 포인트 #2 : 스케줄 자율성**
"이 일의 또 다른 좋은 점은, 언제 일하고 언제 쉴지를 본인이 정할 수 있다는 거예요. 출퇴근 찍을 필요도 없고, 누가 감시하지도 않거든요. 그래서 스스로 알아서 하고 책임질 줄 아는 분을 찾고 있어요."

**초기 목적과 다시 연결하기 :** "처음에 고객님께서 '스케줄을 내가 정하고 싶다'고 하셨던 거 기억나는데요. 이 일은 일하는 시간, 가족과 보내는 시간, 쉬는 시간을 고객님이 다 알아서 조절하실 수 있거든요."
**질문을 하고 고객과 함께 체크하기 :** "만약 이렇게 자유롭게 일할 수 있다면, 고객님은 시간을 어떤 식으로 쓰고 싶으신가요?"

다시 중지하고, 고객의 반응을 기다려라.
그다음 세 번째 포인트로 넘어간다.

**공유 포인트 #3 : 성공을 스스로 결정한다**
"제가 이 일에서 가장 매력적으로 느끼는 건, 성공의 크기를 내가 정할 수 있다는 거예요. 노력한 만큼 결과가 나오고, 벌 수 있는 돈에 한계가 없어요."

**초기 목적과 다시 연결하기 :** "고객님께서 남이 정해놓은 월급 한계 때문에 답답하다고 하셨고, 본인이 직접 성장하고 싶어 하시는 게 느껴져요."
**질문을 하고 고객과 함께 체크하기 :** "저희와 함께 일하시게 되면, 성공의 크기를 본인이 정할 수 있다는 점이 어떻게 느껴지세요?"

3포인트 공유 후, 고객의 반응을 유도하고 '합의'를 이끌어내기 위해 추가로 할 수 있는 질문들은 다음과 같다.

"지금까지 들어보시니까 어떤 느낌이세요?"
"여기까지 얘기해 보니까, 고객님이 원하시는 걸 이루는 데 제가 도움이 되고 있다고 보세요?"
"더 자세히 설명드리기 전에, 지금까지 어떻게 들리시는지 한번 말씀해 주실래요?"

이러한 질문은 단순히 정중한 태도를 넘어서 고객과 같은 방향을 바라보고 있다는 강력한 신호가 된다. 또한 질문을 어떻게 구성하느냐도 매우 중요하다. 단순한 정보 확인이 아닌, 고객의 사고를 자극하고 목적과 연결하게 만드는 질문이 되어야 한다.

3포인트 플레이는 고객의 핵심 니즈를 기반으로 우리 상품이나 서비스의 혜택을 세 가지로 간결하게 정리하는 전략이다.

## SECTION 4-4
## 개방형 질문

눈치 빠른 관찰자들은 포인트 #1과 포인트 #3 사이에서 다음 포인트로 넘어갈 때를 제외하고는, 모든 질문이 개방형 질문이라는 점을 눈치챘을 것이다. 이것은 전적으로 의도된 것으로, 그 자체로 매우 중요한 사실이다.

대답에 제약이 없는 질문은 대화를 열고 흐름을 촉진한다. 그리고 이러한 질문이 바로 고객이 결정하는 데 반드시 필요한 요소다. 반면 "예/아니오"로 대답할 수 있는 폐쇄형 질문은 대화를 시작하거나 깊게 이끌기에는 적절하지 않다. 다만 한 포인트를 마무리하고 다음으로 넘어갈 때에는 대화의 흐름을 부드럽게 정리해 주는 효과가 있기 때문에 그때에만 적절하게 사용할 수 있다.

불행히도, 내가 코칭 영업 현장에서 연구한 바에 따르면 많은 영업인들이 이러한 개방형 질문을 어려워한다. 특히 기존의 전통적인 영업 환경에서 성장해 온 사람들은 마치 법정에 선 변호사처럼 "예/아니오"로만 대답할 수 있는 질문을 통해 상대의 말을 유도하고 흐름을 통제하는 데 익숙해져 있다. 하지만 이들을 탓할 수는 없다. 단지 그렇게 교육받아 왔고, 그렇게 훈련되어 왔을 뿐이다.

실제로 우리는 코칭 영업에 대한 워크숍을 진행할 때, 참가자들이 개방형 질문을 몸으로 익히도록 돕기 위해 간단하지만 효과적인 역할극을 자주 활용한다. 그중 하나는 파트너와 대화하는 도중에 폐쇄형 질문을 받게 되면 '놀란 토끼' 표정을 지으라는 요청이다. 이 연습을 시작한 지 몇 분도 지나지 않아, 방 안은 금세 당황하거나 우스꽝스러운 표정을 짓는 사람들로 가득 찬다. 하지만 바로 그 당혹스러움이 중요한 훈련 효과를 만들어낸다. 사람들은 자기 입으로 폐쇄형 질문을 하고 있다는 것을 실시간으로 자각하게 되고, 스스로 그 질문을 줄이려는 노력을 시작하게 된다.

이렇게 개방형 질문과 폐쇄형 질문의 차이를 몸으로 경험한 코치들은 이후 실제 고객과의 대화에서도 더 민감하게 반응하게 되고, 불필요하게 대화의 흐름을 끊는 실수를 줄이게 된다. 이는 고객과 함께 의미를 확인하고, 대화를 더 풍성하고 진정성 있게 이어가는 데 매우 중요하다. 단순히 정보만 얻기 위한 질문이 아니라, 고객과의 관계를 깊이 있게 설계해 나가는 도구로서 질문을 인식하는 태도가 만들어지는 것이다. 그리고 이 작은 차이가 결국, 성공적인 영업과 그렇지 못한 영업을 가르는 핵심 지점이 된다.

## SECTION 4-5
## 진정한 대화 갖기

일단 개방형 질문을 충분히 마스터하고 나면, 3포인트 플레이 중 각 포인트 사이에서 "예/아니요" 형태의 폐쇄형 질문을 전략적으로 활용할 수도 있다.

고객의 필요를 세 가지 포인트를 통해 충실히 짚고, 그들과 충분한 대화를 나누며 우리의 해결책이 그들의 기대와 목적에 정확히 들어맞는다는 사실을 확인했다면, 이제는 결정을 유도할 시간이다. 이때 중요한 것은 변속 기어처럼 부드럽게 전환하는 감각이다. 기어의 윤활유가 되어주는 기름처럼, 대화의 흐름도 매끄럽게 이어져야 한다.

이러한 흐름을 가장 자연스럽게 유지하는 방법이 바로 반영과 확인이다. 이 두 가지는 고객의 언어를 다시 들려주는 동시에, 당신과 고객이 지금까지의 대화에서 같은 관점과 이해를 공유하고 있는지를 점검하는 역할을 한다. 다음과 같은 문장이 그 예가 될 수 있다.

"방금 저희가 얘기한 첫 번째, 두 번째, 세 번째 부분이 고객님이 원하시는 것과 잘 맞는다고 보시는 것 같은데, 맞나요?"

이러한 반영과 확인은 당신이 고객과 함께 만들어낸 과정 속에서 얼마나 깊이 연결되어 있는지를 상징적으로 보여준다. 당신은 대화 내내 고객과 접촉을 유지하고 있다는 느낌을 고객이 받도록 해야 한다.

나는 예전에 코칭 고객 중에 한 명이었던 마사지 테라피스트에게서 인상 깊은 이야기를 들은 적이 있다. 그녀는 자신만의 비즈니스를 만들어가는 과정에 있었고, 자신이 갖고 있는 철학을 몸으로 실천하고 있었다. 그녀가 강조한 중요한 원칙 중 하나는, 마사지 중에는 반드시 한 손은 항상 고객의 몸에 닿아 있어야 한다는 것이었다. 그녀는 손을 계속 대고 있는 것이 단순한 테크닉이 아니라, '내가 지금도 여전히 당신 곁에 있습니다'라는 연결의 메시지라고 말해주었다.

물론 이 이야기에서 당신이 고객의 손을 직접 잡아야 한다는 뜻은 아니다. 하지만 그 본질은 같다. 고객이 단 한순간이라도 '지금 이 사람이 나와 연결되어 있지 않다'라는 생각이 들지 않도록 해야 한다. 말과 말 사이, 포인트와 포인트 사이에도 당신은 늘 언어적 접촉을 유지하고 있어야 한다. 고객과 춤을 추듯이 함께 호흡하며, 그들의 반응과 관점을 민감하게 읽고, 필요한 경우 질문을 바꾸고 속도를 조절해야 한다.

신뢰를 얻는 코치는 언제나 고객에게 집중하고 있는 사람이다. 산에 오를 때 앞서가는 가이드가 뒤따라오는 사람의 호흡을 전혀 신경 쓰지 않고 계속 걸어간다면, 그는 결국 고객을 놓치게 될 것이다. 고객의 언어적, 비언어적 신호에 집중하지 않는 가이드는, 말 그대로 가장 무책임한 가이드다.

3D 코칭 모델의 논의 단계는 말 그대로 '논의'에 머물러야 한다. 이 단계는 결코 강의가 되어서는 안 되며, 단순한 판매 권유로 흘러서도 안 되고, 고객을 설득하거나 조작하려는 기회로 변질되어서도 안 된다. 이것은 고객을 위한 가치 있는 해결책을 함께 만들어가는 창조적 과정이어야 한다. 그래야만 당신은 고객에게 진정한 영향력을 행사할 수 있고, 동시에 가치를 창출하며 보상을 받을 수 있다.

이 지점은 컨설팅 영업과 코칭 영업의 가장 결정적인 차이점이 드러나는 곳이기도 하다. 우리는 앞서 컨설팅 영업이 '얻고 주는 방식'이고, 코칭 영업은 '가이드를 제공하는 방식'이라고 말한 바 있다. 논의 단계에서 이 차이는 더욱 선명하게 드러난다. 컨설팅 영업의 방식은 때로 줄다리기나 탁구 경기처럼 '공'을 주고받는 것에 집중된다. 그것은 상대를 우리 쪽으로 끌어당기기 위한 시도이며, 때로는 조작의 색채를 띠기도 한다. 이러한 방식은 때로 계약을 이끌어낼 수도 있지만, 현명한 고객에게는 그 속셈이 쉽게 눈에 띌 수 있다.

반면, 코칭 영업에서 말하는 가이드는 춤을 추는 것과 같다.

상대방의 움직임이 어디서 시작되어 어디로 흐를지 정확히 예측할 수 없는 상황에서도 함께 발을 맞춰야 한다. 유능한 가이드는 늘 고객의 흐름에 민감하며, 필요한 순간에 멈추고 조율할 수 있어야 한다. 협력과 신뢰를 전제로 한 상호적 계약 체결은 바로 이런 과정 위에서 가능하다.

논의는 협력이고, 협력은 팀워크다. 이런 상호작용은 당신을 단순한 판매자로 보이게 하는 대신, 고객에게 신뢰할 수 있는 코치이자 파트너로 인식되게 만든다. 그리고 그 두 모습 중 어느 쪽이 더 당신을 기분 좋게 만들지는 굳이 말하지 않아도 알 수 있을 것이다.

## SECTION 4-6
## 장애물 제거하기

앞서 코치는 고객이 원하는 결과를 얻기 위해 전략을 함께 설계하도록 돕는 사람이라고 언급한 바 있다. 그리고 고객이 '논의' 단계에서 주저하거나 혼란스러워 보인다면, 이는 그들이 다음 단계인 '결정'으로 자연스럽게 넘어가지 못하게 만드는 장애물 혹은 거절 심리가 작동하고 있다는 신호일 수 있다.

이때 우리는 단순히 설명을 반복하는 것이 아니라, 고객이 그 장애물을 뛰어넘을 수 있도록 돕는 추가적인 코칭 기술을 적용해야 한다. 코칭이라는 관계는, 본질적으로 사람들이 원하는 것을 향해 나아갈 때 중간에 가로막힌 장애물을 넘도록 돕기 위해 코치가 곁에 존재한다는 전제에서 출발한다. 그리고 이 원칙은 영업 상황에서도 그대로 적용된다. 고객이 진심으로 어떤 목적을 이루고 싶어 하는 순간, 그 길을 막는 내적 혹은 외적 장벽은 반드시 나타나기 마련이다. 그리고 코치로서 영업인은 바로 그 장벽을 인식하고, 드러내고, 해소하는 데 전문성을 가진 조력자여야 한다.

이러한 순간이 진짜 차이를 만들어낸다. 고객이 어떤 행동을 취하지 못하게 만드는 것은 종종 그들의 단순한 정보 부족이 아니라, 그 정보 뒤에 숨어 있는 고정된 인식이나 감정일 수 있기 때문이다. 숙련된 영업인은 고객이 이런 심리적 장벽을 스스로 극복하도록 돕는 과정을 통해, 단순한 설명 이상의 가치를 창출하는 전문가가 된다.

그렇다면 경험 많은 코치는 고객이 머뭇거리거나 판단을 유보하고 있는 상황에서 어떤 접근을 할까? 그중 하나는 차트를 활용하는 것이다. 이 기법은 행동 심리학자들의 강화 이론 reinforcement theory에 기반을 두고 있으며, 핵심은 이렇다.

사람은 어떤 행동을 할지 말지를 결정할 때, 실제로는 그 선택의 결과가 자신에게 고통을 줄 것인지, 아니면 만족을 줄 것인지에 대한 '인지perception'를 기준으로 판단한다. 중요한 것은 실제 고통과 만족이 아니라, 그것을 어떻게 '느끼고 해석하는가'에 따라 행동이 결정된다는 점이다.

따라서 고객이 특정 선택을 주저하고 있다면, 그 선택이 자신에게 고통을 줄 것이라는 인식이 여전히 작동하고 있는 것이다. 마찬가지로, 만약 어떤 선택이 분명히 만족으로 이어질 것이라는 믿음이 있다면, 마조히스트가 아닌 이상 누구나 기꺼이 그 선택을 할 것이다.

결국 영업인은 고객이 지금 어떤 고통과 만족을 느끼고 있는지가 아니라, 그들이 어떤 고통과 어떤 만족을 '기대'하고 있는지를 드러내야 한다. 이를 실제 영업 상황에 적용해 보자.

예를 들어, 고객이 고가의 주택을 구매할지 말지를 두고 망설이고 있다면, 이는 단순한 가격 문제라기보다는 구매 이후의 고통(어려운 점)과 만족(좋은 점)을 어떻게 인식하고 있는지의 문제일 수 있다.

그는 그 집이 매우 마음에 들지만 예상보다 가격이 비싸고, 그에 따른 재정적 부담이 어려움으로 다가오고 있는 것이다. 이때, 코칭적 접근이 가능한 영업인은 다음과 같은 질문들을 던지며, 고객이 스스로 자신의 '고통-만족 구조'를 인식하고 정리하도록 돕는다.

때로는 이 과정을 돕기 위해 간단한 표를 활용하기도 한다. 실제로 내가 트레이닝한 현장의 전문가들 중 많은 이들이 이 기법을 실전에서 유용하게 활용하고 있다.

|  | 이 선택의 고통(어려운 점) | 이 선택의 만족(좋은 점) |
| --- | --- | --- |
| 옵션 #1 | | |
| 옵션 #2 | | |

이제 이 표를 아까 집 구입 문제로 고민하는 고객에게 적용해보자. 부동산 영업인은 그 고객에게 각 카테고리의 어려운 점과 좋은 점에 대해 질문하여 다음과 같은 정보를 얻었다.

|  | 선택에 따른 고통(어려운 점) | 선택에 따른 만족(좋은 점) |
| --- | --- | --- |
| 옵션 #1 | • 예산 보다 비싼 집이다.<br>• 대출금 때문에 휴가를 줄여야 할 수도 있다.<br>• 재정적으로 무책임하게 느껴지도록 한다. | • 내가 꿈꾸던 집이다.<br>• 언제나 원하던 공간을 드디어 가진 것이다.<br>• 이 집에서 친구와 즐거운 시간을 보낼 수 있다. |
| 옵션 #2 | • 이제껏 이만큼 마음에 드는 집을 찾지 못했다.<br>• 이 집이 나를 위한 최상의 기회였는데 놓치면 어떻게 하는가?<br>• 현재 집에서 벗어나지 못하고 더 오랜 기간 동안 이 사실에 한탄해야 할 수도 있다. | • 매달 다른 것을 할 돈을 더 많이 확보할 수 있다.<br>• 더 낮은 가격으로 내가 좋아할 수 있는 대안을 찾을 수도 있다.<br>• 어쩌면 불편하게 느끼게 될 결정을 내리는 상황을 피할 수 있다. |

영업인에게 '논의' 단계에서 이러한 정보가 유용할까?

당연하다. 이러한 정보는 고객이 자신의 내면에서 어떤 생각과 감정으로 갈등하고 있는지를 파악하게 해주며, 이를 바탕으로 영업인은 고객이 여러 가지 선택지를 신중히 검토하고 스스로에게 가장 올바른 구매 결정을 내릴 수 있도록 돕는 안내자가 될 수 있다.

예를 들어, 고객이 비싼 집을 살지 말지를 고민하고 있을 때, 그 이유가 단순히 금액 때문만은 아닐 수도 있다. 아마도 그 고객은 여행을 자주 가지 못하는 것에서 오는 고통과 일상에서의 안락함이라는 만족 사이에서 갈등하고 있을 수 있다.

이때 영업인은 고객에게 일상에서의 편안함이 주는 가치를 상기시키고, 휴가보다 더 자주, 더 실제적인 만족감을 줄 수 있다는 점을 조명해 줄 수 있다.

또한 그 집을 소유함으로써 생길 즐거운 장면, 예를 들어 가족이나 친구를 초대해 따뜻한 저녁을 보내는 장면을 함께 그려보게 함으로써 고객 스스로 구매의 의미를 감정적으로 재구성하게 만들 수도 있다. 이러한 상상은 단순한 판매 전략을 넘어, 의사결정의 방향을 바꿔줄 수 있는 강력한 감정적 자극이 된다.

더 나아가 고객의 재정 상황을 현실적으로 함께 검토하면서, 그들에게 정말로 부담이 되는 요소는 무엇이고 반대로 어떤 혜택이 가장 크고 실제적인지를 객관적으로 도와줄 수도 있다.

이처럼 인지된 고통과 만족을 명확히 바라보는 과정이 없다면, 영업인은 고객이 정말로 원하는 것을 이해할 수 없고, 그에 맞는 해결책을 제안하는 일 역시 본질적으로 불가능해질 것이다.

고객의 내면에서 작동하는 고통과 만족의 인지를 명확히 하고, 그것을 중심으로 대화를 풀어가는 영업인은 고객에게는 진정한 조력자가 되고, 자신에게는 열렬한 팬을 만들어낼 수 있다.

결국 그 영업인은 고객의 결정에 영향을 준 '기억에 남는 사람', 즉 단순한 판매자에서 벗어나 파트너로 전환된 존재로 남게 되는 것이다.

SECTION 4-7

## 코칭 도구 : 스토리보딩(Storyboarding)

스토리보딩은 우리가 다루는 상품이나 서비스에 대해 이미 알고 있는 핵심적인 정보를 꺼내어 정리하고, 그것을 전략적으로 구조화하기 위한 유용한 코칭 도구다. 특히 머릿속이 복잡하고 생각이 너무 많아 정리가 필요할 때, 또는 전략적으로 접근해야 할 문제가 있을 때 스토리보딩은 탁월한 효과를 발휘한다.

이 도구는 책을 쓸 때나 마케팅 기획을 세울 때, 복잡한 문제를 분석할 때 등 다양한 목적에 활용할 수 있지만, 여기서는 특별히 3포인트 플레이를 도출해 내는 데 집중하여 활용해 볼 것이다.

이 장의 후반부에는 실행과제를 통해 실제로 3포인트 플레이를 직접 구성해 보게 될 것이며, 그 과정을 돕기 위해 필요한 것은 단지 포스트잇 메모지와 펜뿐이다. 이 과제는 혼자서도 수행할 수 있고, 동일한 영업팀이 함께 모여 실행해도 매우 효과적이다. 목적은 명확하다. 우리 상품이나 서비스가 지닌 진정한 강점이 무엇인지 구조적으로 파악하고, 그것을 고객에게 효과적으로 전달할 수 있도록 정리하는 것이다.

스토리보딩 기법을 적용할 때 우리가 따를 수 있는 단계는 세 가지로 정리된다. 바로 아이덴티티Identify, 무리 짓기Cluster, 그리고 이름 붙이기Label다.

### 1 아이덴티티(Identify)

스토리보딩 과정의 첫 번째 단계인 아이덴티티 단계에서는, 무엇보다도 '판단 유보'가 중요하다. 이 단계는 브레인스토밍이 중심이 되며, 효과적으로 수행하기 위해서는 우리 상품이나 서비스의 다양한 강점을 모든 관점에서 자유롭게 생각하고 표현해야 한다.

핵심은 검열하지 않고 말하는 것이다. 여러 사람이 함께 진행할 경우, 각자 떠오르는 장점을 큰 소리로 이야기하면서 포스트잇 한 장에 아이디어 하나씩을 적는다. 적은 포스트잇은 모두 벽에 하나하나 붙여 나간다. 이때 중요한 것은 '판단하지 않고 떠오르는 대로 말하고 적는 것'이며, 아이디어가 다 떨어질 때까지 포스트잇을 계속 붙이는 것이 이 단계의 핵심이다. 즉, 고객에게 우리가 말하고 싶은 상품의 모든 측면, 혜택, 기능, 특징

등을 제한 없이 꺼내놓는 것이다.

이렇게 아이덴티티 단계를 통해 풍부한 아이디어를 시각화한 후에는, 다음 단계에서 그것들을 묶고 정리하고 구체화해나가게 될 것이다.

### 2 무리 짓기(Cluster)

다음 단계에서는 앞서 붙여둔 포스트잇들을 하나씩 다시 훑어보면서, 유사한 주제를 가진 것들끼리 직관적으로 무리를 지어 본다. 어떤 포스트잇이 어떤 방식으로 서로 연결될 수 있는지를 살펴보는 것이다. 이때 중요한 점은 카테고리를 총 세 개로 제한하는 것이며, 이를 기준으로 모든 포스트잇을 분류해 나간다.

만약 어떤 포스트잇이 반복되는 내용이거나, 정해놓은 세 가지 카테고리에 속하지 않는다면 과감히 제외한다. 이런 메모들은 오히려 프레젠테이션을 방해하는 '소음'이 될 수 있기 때문이다. 이 시점에서 새롭게 떠오르는 아이디어가 있다면, 즉시 포스트잇에 적어서 함께 분류에 포함시켜도 좋다. 일단은 한 걸음 물러서서 전체를 바라보며, 각 카테고리의 구성에 만족할 수 있을 때까지 이 정리 작업을 반복한다.

### 3 이름 붙이기(Label)

이제 나눠놓은 포스트잇 세 무리를 하나씩 들여다보면서, 그 그룹을 하나로 묶는 주제가 무엇인지 고민해 본다. 예를 들어, '복잡하지 않음', '고객 만족률이 높음', '사용자 친화적임', '설계가 단순'과 같은 내용이 같은 무리에 있다면, 이 그룹은 '사용이 편함'이라는 이름을 붙일 수 있다. 이름은 명확하고 직관적인 표현으로 정하되, 각 카테고리의 중심을 잘 드러내야 한다. 이름은 다른 색깔의 포스트잇에 적어 해당 그룹의 상단에 붙인다.

이 세 가지 단계를 모두 마치고 나면, 자연스럽게 세 가지 주요 장점이 도출된다. 그렇게 정리된 세 가지 핵심 항목을 바탕으로, 각 카테고리 내의 메모 중에서도 특히 고객의 주의력을 흐릴 수 있는 방해 요소들을 선별해 제거한 후, 이를 정제된 3포인트 플레이 시트로 옮겨 적는다. 이 3포인트 시트는 두 장 정도의 인덱스카드나 간단한 종이에 정리해두면 영업상담 시 유용한 기억 장치가 된다.

생각을 이처럼 단순하고 명확한 구조로 정리해두는 작은 실천이, 실제 영업상담에서는 놀라운 집중력과 코칭 영업의 준비도를 보여주는 강력한 무기가 될 수 있다.

내가 바라는 것은 당신이 이 과정을 이론적으로 잘 이해하는 것에 그치지 않고, 반드시 실천을 통해 그 효과를 체험하는 것이다. 그렇기에, 이어지는 연습 과제를 성실히 따라 해볼 것을 적극 권장한다.

# 실행과제

## 실행과제 ❶ : 스토리보딩

이제 스토리보딩에 대해 충분히 설명했으니, 직접 해볼 차례다. 우리 상품이나 서비스에 대해 생각하면서 다음의 세 단계를 차례대로 따라가 보자.

**아이덴티티**

이 단계에서는 평가하거나 토론하지 않고, 단순히 우리 상품이나 서비스의 강점에 대해 브레인스토밍을 한다. 판단은 일단 보류하고 떠오르는 아이디어를 모두 포스트잇 메모지에 적는다. 한 장에 하나씩 적은 다음 그것들을 벽에 붙인다. 가능한 한 많은 아이디어를 자유롭게 도출하고, 아이디어가 고갈될 때까지 이 작업을 반복한다.

**무리 짓기**

아이디어가 충분히 쌓이면 이제 유사한 주제들을 중심으로 포스트잇을 분류해 본다. 어떤 내용들이 서로 관련이 있는지 직관적으로 판단하면서, 이를 세 가지 주요 주제로 묶는다.

포스트잇들을 분류할 때는 우리가 만족할 수 있을 때까지 조정하며, 주제에 맞지 않거나 반복되는 포스트잇은 과감히 제쳐둔다. 또한 이 단계에서 새로운 아이디어가 떠오른다면 자유롭게 추가하고, 적절한 카테고리에 포함시켜도 된다.

**이름 붙이기**

앞서 나눈 세 가지 카테고리 각각에 알맞은 이름을 정하고, 색이 다른 펜으로 명확하고 직관적인 주제를 적어 해당 그룹 위에 붙인다. 이 단계에서 정의한 세 가지 주요 강점을 다음 실행과제인 3포인트 플레이 작성에 활용하게 된다.

## 실행과제 2 : 3 포인트 플레이

이 실행과제의 핵심은, 당신의 상품이나 서비스에서 가장 중요한 세 가지 포인트를 마스터하는 데 있다. 이 과제를 통해 우리는 핵심 메시지에 집중하고, 실제 영업 상황에서 간결하고도 설득력 있는 이야기를 구성할 수 있다. 본질적으로, 강력한 사실과 혜택을 바탕으로 고객이 왜 당신을 선택해야 하는지 명확하게 설명할 수 있어야 한다. 특히 이 세 가지 혜택은, 고객이 스스로에게 던질 법한 "그래서 이게 내게 어떤 이익이 되지?"라는 질문에 설득력 있게 대답할 수 있어야 한다.

각 상품이나 서비스마다 이 과제를 반드시 반복해 보는 것이 좋다. 이 과정은 처음에는 다소 기계적일 수 있으나, 일단 숙달되면 당신만의 언어와 방식으로 자연스럽게 적용할 수 있게 된다. 이 장에서는 안내에 따라 3포인트 플레이를 함께 구성해 볼 것이지만, 정말로 의욕적인 독자라면 앞서 배운 네 가지 TEAM 스타일 각각에 대해 다양한 3포인트 플레이를 만들어 보는 것도 유익할 것이다.

3포인트 플레이를 만들기 위해 다음의 공식을 따라 구성해 보자. 동료와 함께 역할극을 하거나, 최근에 유망 고객과 나누었던 실제 대화를 떠올려 적용해 보는 것도 좋다. 이 장의 앞부분에서 소개했던 예시를 다시 활용해도 무방하다.

먼저 첫 번째 포인트는 다음과 같이 구성한다.

**공유 포인트 #1 :**

"_____의 가장 좋은 점 중 하나는 _____라는 거예요.
**초기의 목적과 다시 연결하기 :** 고객님께서 _____라고 하셨던 걸로 기억하는데요.
**질문하고 고객과 함께 체크하기 :** 이런 _____에 대해서는 어떻게 생각하세요?
(중략)
그러니까 저희가 _____라는 부분에서 생각이 비슷한 것 같은데, 맞나요?"

그다음 두 번째 포인트는 다음과 같이 진행한다.

**공유 포인트 #2 :**

"고객님이 관심 가질 만한 또 다른 부분은 _____라는 거예요.
**초기의 목적과 다시 연결하기 :** 처음에 고객님이 말씀하신 그 목표를 해결해 드리려고 정말 노력하고 있다는 걸 느끼셨으면 좋겠어요. 고객님께서 _____을 하고 싶다고 하셨잖아요.

**질문하고 고객과 함께 체크하기 :** _____에 대해서 어떻게 생각하세요?

(중략)"

이렇게 공유한 후에는 잠깐 멈춰서, 저희가 제공하는 서비스가 고객님 목표와 어떻게 맞는지를 같이 확인하고, 마지막 세 번째 포인트로 넘어간다.

**공유 포인트 #3 :**

"고객님이 관심 가지실 만한 마지막 부분은 _____예요.
**초기의 목적과 다시 연결하기 :** 고객님께서 _____을 중요하게 생각하신다고 말씀하셨잖아요.
**질문하고 고객과 함께 체크하기 :** 이 _____에 대해서 궁금한 점 있으세요?"

이제 동료나 친구와 함께 이 방식으로 대화 연습을 해보자. 나에게 맞는 속도와 말투, 접근법이 뭔지 찾아가면서, 진짜 진심으로 말하고 있는지도 꼭 체크해 보자.

## 실행과제 ❸ : 돌아보며 점검하기

마지막으로, 지금까지 연습한 걸 바탕으로 실제 미팅 하나를 떠올리며 다시 점검해 보자. 최대한 그 상황을 생생하게 기억하면서 다음 공식으로 복기해 본다.

"저희가 _____에 대해서 생각이 비슷했던 것 같은데요.

(여기에서 공유 포인트 #1: 내가 제안했던 첫 번째 해결책)

(공유 포인트 #2: 내가 제안했던 두 번째 해결책)

(공유 포인트 #3: 내가 제안했던 세 번째 해결책)

이 세 가지가 고객님이 원하시는 _____와 잘 맞는다고 봅니다."

이 공식대로 돌아볼 수 없다면, 그게 뭘 의미하는 걸까? 그리고 이렇게 돌아보면서, 다음 상담에서는 뭘 어떻게 더 잘할 수 있을까? 이런 질문을 스스로에게 던져보는 게, 진짜 실력을 늘리는 첫걸음이다.

# SECTION 5

# 코칭 모델의 3단계 :
# 결정
# Decide

"말을 중단해야 할 시점은 상대방이 동의한다는 듯 고개는 끄덕이지만 말은 한 마디도 안 할 때이다."
— 미상

"동네 수다쟁이에게 집에서 키우는 앵무새를 팔아도 부끄럽지 않도록 살아라."
— 윌 로저스Will Rogers

## 개요

능력 있는 코치는 고객이 실행과 해결책으로 실제로 나아갈 수 있도록 돕는다. 지금까지 우리는 고객과 함께 목적을 발견하고, 이슈를 드러내고, 그에 맞는 솔루션에 대해 충분히 논의해왔다. 이제는 그 흐름을 '행동'이라는 현실적인 단계로 옮겨야 할 시간이다. 어떤 형태로든 책임과 실행으로 전환이 필요하다. 경험이 많지 않은 영업인들은 흔히 '결정을 유도'하려는 데 집착하지만, 사실 영업 과정에서 전면적인 구매 결정이 아니더라도 다음 단계로 이어지는 '작은 결정'은 항상 만들어낼 수 있다.

이 장에서는 고객과 함께 공동으로 실행 계약을 설계하고, 실질적인 실행계획을 수립하며, 후속 조치와 시간 약속까지 구체화하는 방법을 함께 살펴보게 될 것이다. 또한 대화가 결정적 순간으로 넘어가는 도중 고객이 주저하거나 거절하는 반응을 보일 경우, 그것을 단순히 방어하거나 설득하려 하기보다는 코칭 스타일의 접근으로 어떻게 다룰 수 있는지를 배우게 될 것이다.

## 현장 경험

젊고 돈도 별로 없던 시절, 나는 출퇴근용 기본 차 한 대를 마련하려고 중고차 매장에 갔다. 매장을 이리저리 둘러보는데 한 영업사원이 다가와서 "결정하시는 데 도움드리겠습니다"라고 했다. 친절하고 활발한 사람이었는데, 나와 아내가 서 있는 자리에서 눈에 띄는 고급 중고차들의 좋은 점들을 열심히 설명하기 시작했다.

10분쯤 지나서 나는 조심스럽게 말을 끊고 "사실 저는 소형 중고차를 찾고 있어요"라고 말했다. 그런데 대화는 그때부터 이렇게 꼬이기 시작했다.

**영업사원 :** 소형 중고차는 사시고 금방 후회하실 거예요. 어차피 나중에 중형으로 바꾸게 되어 있거든요. 그러니까 1500만 원 정도면 중형 중고차 살 수 있습니다. 좋은 점을 말씀드리면요… (계속 설명)
**나 :** 사실 그렇게 큰돈 쓸 생각은 없는데요.
**영업사원 :** 그럼 이걸 보세요. 이 차는 1500만 원밖에 안 하는데 정말 좋아요. 장점을 말씀드리면…
**나 :** 죄송한데, 그것도 제 예산을 많이 넘어요.
**영업사원 :** 그러면… 얼마 정도 생각하고 계세요?
**나 :** 저는 500만 원 정도 생각했거든요.
**영업사원 :** 아, 그러시구나. 그럼… 경차나 오래된 중고차를 찾으시는 거네요. 저희는 그런 차는 안 해요.

결과는 뻔했다. 나는 그 영업사원한테서 차를 사지 않았다. 그리고 그는 나에게 "결정을 도와드리겠다"고 했지만, 실제로는 전혀 도움이 안 됐다.

### 원칙

이미 이 책을 읽고 있는 여러분은 잘나가는 영업인일 것이다. 어쩌면 이 책의 독자 중에는 앞부분은 건너뛰고 바로 이 '결정' 장부터 읽고 있는 사람도 있을 것이다. 만약 당신이 그런 독자라면, 지금이라도 책의 맨 앞으로 돌아가 처음부터 순서대로 읽기를 권한다. 그게 당신에게 훨씬 더 효과적인 길이다. 반대로 내가 제시한 모델의 처음 단계부터 차근히 따라온 독자라면, 이제 곧 그 노력이 보상을 받게 될 것이다.

영업인은 고객이 결정을 내리도록 돕는 데 집중한다. 그래야 영업이 성사된다. 그러나 현실의 많은 영업 상황에서 마무리 단계는 마치 고객을 조작하는 듯한 방식으로 흐르기 쉽다. 하지만 내가 제시한 3D 코칭 모델의 첫 두 단계를 충분히 밟아왔다면, 그 마무리는 결코 조작적이지 않다. 오히려 자연스럽고 수월한 과정이 된다. 이 모델에 따르면, 지금 이 단계에 도달한 당신은 이미 고객과의 계약 직전에 도달한 셈이며, 나머지 5%는 가벼운 발걸음으로 넘을 수 있는 거리일 뿐이다. 이 단계의 목적은 단순히 "예스"라는 대답을 얻어내는 것이 아니라, "노"라는 대답 역시 명확하게 이해하고 확인하는 것이다.

코칭 영업을 어려워하는 동료들도 있다. 그들은 고객에게 계약을 유도하는 일이 왠지 무례하거나 강요처럼 느껴질까 봐 주저한다. 그러나 사실, 계약을 이끌어내는 것은 유능한 코치가 반드시 감당해야 할 책임이며, 고객에게 줄 수 있는 가장 실질적인 선물이기도 하다.

다시 코치의 역할로 돌아가 보자. 코치는 고객이 대화를 통해 실행과 해결의 단계로 나아가도록 돕는 사람이다. 때로 사람들은 코칭을 그저 기분 좋게 해주는 활동쯤으로 오해하는 경우가 있다. 물론 코칭은 고객의 강점과 자신감을 이끌어내는 과정이기도 하지만, 그 초점은 단순히 좋은 기분에 머물러 있지 않다. 코칭은 '변화'에 관한 것이다. 목표를 향해 나아가고, 그 목표에 도달하는 데 실질적인 진전을 이루는 것이 핵심이다. 코칭은 자신의 잠재력을 개발하고, 삶의 사명을 따르는 여정이며, 그러한 코칭의 모든 상호작용은 궁극적으로 행동(실행)으로 이어져야 한다.

실행이 따르지 않는 코칭은, 그것은 더 이상 코칭이 아니다. 행동 없는 대화는 일시적인 위안일 수는 있어도, 변화로 이어지지 않는다.

영업 상황에서도 마찬가지다. 상담이 끝나갈 무렵, 고객은 세 가지 중 하나를 결정해야 한다.

— 구매함
— 구매하지 않음
— 결정을 미룸

이 각각의 선택은 반드시 다음 행동을 수반해야 한다. 예를 들어, '구매함'이라는 결정은 계약서 서명이나 결제와 같은 구체적인 행동으로 이어져야 한다. 반면 '구매하지 않음'의 결정은 영업인이 그 결정을 받아들이고 더 가능성 있는 다른 고객에게 집중하도록 만든다.

문제는 '결정을 미룸'이라는 선택이다. 이 경우, 다음 단계가 불분명한 경우가 많지만, 바로 그렇기 때문에 영업인은 이 결정을 구체적인 실행 계획으로 전환시켜야 한다. 고객이 결정을 미뤘다고 해서 영업인이 마냥 기다리거나, 반대로 무리하게 결정을 밀어붙이는 것은 코칭 모델에 어긋난다. 최악의 경우는 두 가지다. 첫째는 고객이 결정을 내리도록 압박하는 것, 둘째는 고객에게 모든 결정을 완전히 넘겨버리고 아무런 후속 행동을 하지 않는 것이다.

## SECTION 5-1
# 책임은 중요하다

책임은 코칭 관계에서 빼놓을 수 없는 중요한 요소다. 그러나 '책임'이라는 단어 자체에 거부감을 느끼는 사람들도 있다. 책임감이 있다는 것은 단순히 무거운 짐을 진다는 뜻이 아니다. 오히려 그것은 자신의 성공, 결정, 삶에서 얻은 교훈들에 대해 설명할 준비가 되어 있다는 의미다. 그것이 책임의 본질이다.

물론 책임은 어떤 고객에게는 심리적 부담으로 작용할 수 있다. 그러나 코치가 공감과 존중, 설득을 기반으로 접근한다면 그것은 오히려 고객에게 깊은 자기 이해와 성장을 주는 강력한 경험이 될 수 있다. 반대로 고객에게 수치심을 주거나, 도덕적 판단을 들이대거나, 혹은 아무런 책임도 요구하지 않음으로써 고객을 너무 쉽게 빠져나가게 해주는 경우는 모두 고객을 진심으로 존중하지 않는 태도다. 둘 다 고객의 성장과 성공을 제한하게 된다.

코칭 관계에서 '책임'을 요청할 때 사용할 수 있는 대표적인 질문들은 다음과 같다.

"이제 뭘 하실 건가요?"

"언제까지 하실 생각이세요?" (또는 얼마나 시간이 필요하세요?)

"하셨다는 걸 제가 어떻게 확인할 수 있을까요?"

이런 질문들은 고객의 '실행'을 구체화하게 만든다. 그렇다면 이러한 책임 요청을 실제 영업 상황에는 어떻게 적용할 수 있을까?

고객이 아직 결정을 내릴 준비가 되지 않았을 수도 있다. 그러나 코칭 영업을 실천하는 영업인이라면, 고객이 결정을 향해 한 걸음 더 나아갈 수 있도록 구체적인 행동을 촉진할 수 있어야 한다. 예를 들어 고객이 당신을 재정 컨설턴트로 고용할지 말지 확신이 없는 상태라면, 그 결정을 내리기 위해 고객이 파악하고 싶은 정보는 무엇인지, 확인하고 싶은 기준은 무엇인지를 물어야 한다. 이렇게 해야 고객의 망설임을 줄이고, 영업인의 시간 역시 낭비되지 않는다.

이러한 질문들은 영업인과 고객 모두의 시간과 에너지를 아끼기 위한 지혜이기도 하다. 고객은 아직 결정을 내리지 못했더라도, 영업인에게 심리적으로 안전하다는 느낌을 받아야 한다. 그러나 동시에, 어떻게 하면 결정에 좀 더 가까이 다가갈 수 있을지 함께 찾는 것은 고객과 영업인 모두에게 매우 중요한 과제다.

재능 있는 영업인은 존중과 솔직함 사이에서 균형을 잘 잡는다. 이들은 고객에게 책임을 요청하는 데 주저하지 않는다. 그것이 고객의 결정을 돕는 일이며, 결과적으로 양쪽 모두에게 이익이 된다는 것을 알고 있기 때문이다. 이들은 고객의 시간을 소중히 여기며, 고객의 결정이 '구매하지 않음'이라 해도 그것을 받아들일 준비가 되어 있다.

진정한 영업인은 기회의 풍성함을 믿는다. 그리고 궁극적인 대답이 "아니오"일지라도, 고객이 실행 가능한 결정을 내리도록 돕는 것이 자신의 경력과 성과에 긍정적인 영향을 준다는 사실을 확신한다.

3D 코칭 모델의 '결정' 단계는 얼핏 보면 가장 간단해 보인다. 실제로 이 장이 책 전체에서 가장 짧은 이유도 여기에 있다. 이미 그 이전 단계에서 할 일은 거의 다 끝난 상태이기 때문이다. 당신은 지금까지 고객의 목적을 명확히 밝혔고, 솔루션을 함께 논의했으며, 3D 모델의 두 단계를 통과하는 동안 '시험적인 계약'을 계속 이어왔다. 이제 남은 일은 단 하나, 고객이 실행으로 옮길 수 있도록 구체적인 도움을 주는 것이다

## SECTION 5-2
## 코칭 vs 전통적 영업 비교

코칭 영업 모델의 '결정' 단계와 전통적인 영업 접근법 사이에는 몇 가지 분명한 공통점이 있다. 두 방식 모두 고객으로부터 "예스" "노" 또는 "보류"라는 결정을 끌어내려 한다.

두 방식 모두 계약 성사를 목표로 한다. 두 방식 모두 명확하고 구체적인 결정을 이끌어내는 데 집중한다. 하지만 그 접근 방식에는 분명한 차이점도 존재한다.

코칭 영업과 전통적 영업의 차이점은 다음 세 가지 측면에서 특히 두드러진다.

— 영업인과 고객 사이의 협력 수준
— 고객이 스스로 최선의 결정을 발견하게 하는 정도
— 영업인의 에너지 소모량

이제 이 차이점들을 하나씩 살펴보자.

### 1 협력 수준

코칭 영업은 전 과정을 고객과의 협력 Co-Creation 으로 이끌어 간다. 전통적 영업이나 심지어 컨설팅 영업에서도 '계약 시도 closing attempt'라는 표현이 흔히 사용되는데, 이 경우 영업인은 고객에게 구매할지 말지를 결정하라고 요구하고, 결정이 내려지도록 다양한 설득 기법을 동원한다.

반면 코칭 영업에서는 '언제 계약을 맺을 것인가'보다 '이 고객에게 지금 계약이 최선의 선택인가?'를 함께 탐색하는 데 중점을 둔다. 고객 스스로 결정을 내릴 수 있도록 돕고, 그 결정이 진정 고객에게 이익이 되는지를 함께 검토한다. 그 결과, 고객이 더 나은 타이밍과 방식으로 계약을 체결하도록 돕는 역할을 하게 된다.

이러한 코칭 영업의 방식은 '지금 이 계약을 축하해야 하는가?', 아니면 '아직 논의가 더 필요한가?' 혹은 '이제 다음 고객으로 넘어가야 할 시점인가?'와 같은 판단에도 도움을 준다.

어떤 순수 코칭 전문가들은 책임과 실행계획을 다루는 것이 코칭의 일부임을 코칭 훈련을 다 받은 후에야 깨닫는 경우도 있다. 그러나 영업 상황에서 코칭이 갖는 독특한 점은, 고객이 '예스'라고 대답했을 때 그 실행 결과가 영업인에게 실질적인 보상으로 이어진다는 점이다. 이것은 코칭과 영업의 경계를 분명하게 만들어준다.

결국 이 모든 것을 가능하게 만드는 핵심은 진정성authenticity이다. 영업인이 진정성 있게 접근하면 고객도 그에 상응하는 신뢰와 반응을 보여준다. 반대로 진정성이 없다면, 고객은 말뿐인 접근 방식에 흥미를 잃게 된다. 마음만 먹으면 사람을 조작하는 것도 가능하겠지만, 그것은 우리가 제시하는 모델이 아니다.

우리가 말하는 코칭 영업은 고객과 함께 호흡을 맞추며, 진정한 신뢰와 협력을 바탕으로 공동의 결과를 창출하는 것이다. 이것이야말로 단기 계약을 넘어, 장기적인 관계와 반복적인 신뢰를 만들어내는 길이다.

## 2 고객이 최고의 결정을 스스로 발견하게 하는 수준

일부 영업인들에게는 이 개념이 다소 낯설게 들릴지도 모르겠다. 하지만 우리가 분명히 말할 수 있는 사실은, 가장 확실하고 유익한 결정은 강요가 아니라 '가이드'를 통해 고객이 스스로 내리는 결정이라는 점이다.

고객은 당신이 문외한인 분야에서 오히려 더 많은 전문성을 갖고 있을 수 있다. 그들은 자신에게 무엇이 최선인지 스스로 가장 잘 알고 있다. 물론 코치이자 이 책의 저자인 나는 고객에게 제공할 수 있는 다양한 정보와 경험을 갖고 있다. 그러나 내가 제공하는 것이 모든 고객에게 '정답'일 수는 없다. 사람마다 필요가 다르고, 가치 기준도 다르기 때문이다.

노련한 코치는 자신이 모르는 것이 많다는 사실을 인정할 줄 아는 겸손함을 갖고 있다. 그리고 코칭 영업 모델을 실천하는 사람이라면 고객이 '스스로 구매 결정을 내리는 순간'에만 책임과 판단이 진정으로 작동한다고 믿는다.

그렇다면 이 말은 실제로 무엇을 의미하는가?

물론, 우리는 상품과 서비스가 고객에게 어떤 이득을 주는지를 분명하고 설득력 있게 공유할 필요가 있다. 하지만 그다음 단계에서는 고객이 그 가치를 스스로 받아들이도록 한발 물러서는 태도가 필요하다. 즉, 설명과 안내는 당신이 하고, 판단은 고객의 몫으로 남겨두어야 한다는 의미다.

예를 들어, 전통적인 영업 기법 중에는 '가정 질문'이라는 방식이 있다. 이는 고객이 이미 구매하기로 결정했다는 전제하에 던지는 질문이다. 당신이 누군가에게 코칭 서비스를 제안하고 있다면, 다음과 같은 질문이 여기에 해당한다.

"그럼 언제부터 저와 함께 코칭을 시작하고 싶으신가요?"
"다음 주 화요일 오전이 비어 있습니다. 그때 시작하면 좋겠군요. 가능하실까요?"
"이 코칭 관계가 고객님께 큰 도움이 될 거라고 믿습니다. 당장 시작하고 싶어지네요."

이런 질문은 일부 고객에게는 효과적일 수 있다. 그런데 지금 우리가 상대하는 고객들은 훨씬 더 의심이 많고 까다로워졌다. 조금이라도 강요하거나 유도하려는 느낌을 받으면 바로 알아채고, 그 순간 마음을 닫아버리거나 아예 관계를 끊어버리기도 한다. 지금은 예전보다 훨씬 더 고객의 선택권을 존중하는 영업이 필요한 시대다. 같은 상황에서 코칭 영업은 이렇게 접근한다.

"저와 함께 코칭 하는 것에 대해서 어떻게 생각하세요?"
"코치를 고르실 때 더 알아보고 싶은 부분이 있으세요?"
"같이 일하게 되면 정말 좋을 것 같아요. 고객님도 그렇게 느끼신다면 좋겠지만, 무엇보다 고객님께 가장 잘 맞는 코치를 선택하시는 게 중요하죠. 이 부분에 대해 좀 더 얘기해 봐도 될까요?"
"코칭 서비스를 결정하실 때, 어떤 걸 더 확인해 보고 싶으세요?"

이런 질문들도 결국 고객의 결정을 이끌어낸다는 점에서는 기존 방식과 같지만, 접근하는 방법이 훨씬 더 세심하고 존중하는 마음이 담겨 있다.

당신이 자신의 시간을 소중히 여기고, 자신이 제공하는 서비스의 가치를 진심으로 믿는다면, 고객이 구매 여부를 명확히 결정하도록 돕는 것을 결코 주저하지 않을 것이다. 우유부단함은 누구에게도 도움이 되지 않는다. 고객에게 공간과 자율성을 주되, 그 공간이 방치가 아닌 책임 있는 결정의 장이 되도록 리드하는 것, 그것이 코칭 영업의 본질이다.

### 3 영업인의 에너지 소모량

전통적인 영업 방식은 종종 설득, 압박, 속임수 같은 요소에 의존하며, 특히 저항감이 높은 고객을 상대할 때 엄청난 정신적·감정적 에너지를 소모하게 된다. 반면, 3D 코칭 모델의 큰 장점 중 하나는 저항감을 거의 불러일으키지 않는다는 점이다. 이 모델이 제대로 작동하면, 고객과의 대화는 마치 서로를 존중하는 친구 사이의 대화처럼 느껴진다. 단, 그 중심이 솔루션에 있다는 차이만 있을 뿐이다.

실제로 우리는 이 코칭 영업 모델을 실천하는 수많은 영업인들이, 설사 계약이 성사되지 않더라도 오히려 활력을 느끼며 상담을 마치는 모습을 종종 목격해 왔다.

코칭이 당신의 제2의 천성이 되면, 고객에게 진심으로 도움이 되고자 하는 그 경험 자체가 자부심과 에너지의 원천이 된다.

이제 당신은 스스로에게 이렇게 물어봐야 한다.

— 나는 지금 내 영업 커리어에 대해 진심으로 확신을 갖고 있는가?

— 나는 '기회는 언제든지 다시 올 수 있다'고 믿는가, 아니면 '거절당할까 두렵고, 고객은 점점 줄어들 것 같다'라는 불안에 휩싸여 있는가?

코칭 영업 모델을 따르기 위해서는 영업에 대한 신념이 필요하다. 이 과정을 따르면 잘 해낼 수 있다는 확신을 가져야 한다. 확신이 있어야만 이 방식에 집중할 수 있고, 결국에는 더 정직하고 올바른 영업을 할 수 있게 된다.

내 경험에 따르면, 이 지점부터 삶과 재정 상황이 진짜로 바뀌기 시작한다. 코칭 영업 모델을 따라가다 보면 사람을 만나는 일이 즐겁고, 그 과정 자체에서 매일 활력이 솟는다. 그리고 그 활력은 진짜 영업 기회가 찾아왔을 때 당신의 에너지와 영향력을 최고조로 끌어올려 줄 것이다.

이제, 3D 모델의 결정 단계에서 고객의 행동을 유도하는 구체적인 방법을 살펴보며, 진짜 '변화'를 만들어내는 실행 전략을 함께 정리해 보자.

## SECTION 5-3
## 결정을 위한 모델

코칭 대화에서 고객이 '결정' 단계에 도달하도록 유도하는 간단하면서도 강력한 프레임워크가 있다. 이것이 바로 CAT 모델이다. CAT는 다음 세 가지 단계를 통해 구성된다.

**C : 협조적 계약 체결(Collaborative Close)**
고객이 결정을 내릴 준비가 되었는지 확인하고, 구매 여부를 함께 점검하는 과정

**A : 행동 단계(Action Step)**
고객이 실제로 움직일 수 있도록 명확한 실행 언지를 유도하는 단계

**T : 시기 선택과 사후관리(Timing & Follow-up)**
결정 이후에도 신뢰를 지속시키고 실행을 구체화하는 단계

### 1 협조적 계약 체결(C)

협조적 계약 체결은 고객에게 결정을 강요하거나 압박하는 게 아니라, 고객과의 신뢰 관계를 유지하면서 결정할 준비가 되었는지를 자연스럽게 확인하는 과정이다.

이 단계는 다른 코칭 대화와 마찬가지로 설명보다는 질문 위주로 진행해야 한다. 앞에서 소개한 코칭 상황 예시 외에도, 협조적 계약 체결을 위한 대표적인 질문들은 다음과 같다.

"지금까지 저희가 얘기한 내용 중에서 공감되는 부분이 많으세요?"

"고객님 목표를 해결하기 위한 방법들에 대해서 어떻게 생각하세요?"
"고객님께서 가장 좋은 결정을 내리실 수 있도록 도와드리고 싶어요. 그럼 다음에 어떤 걸 같이 해보면 좋을까요?"

만약 고객이 "아직 결정을 못 하겠어요" 또는 "지금은 좀 어려워요"라고 답한다면, 그 답변을 그대로 받아들이거나, 내가 발견 단계에서 뭔가를 놓쳤을 가능성을 점검해 봐야 한다.

이럴 때는 겸손하고 유연한 태도로 다시 '발견' 단계로 돌아가는 게 맞다. 예를 들어 이렇게 말할 수 있다.

"제가 뭔가 놓친 게 있는 것 같아요. 고객님 생각을 더 잘 이해하고 싶거든요. 혹시 이번 결정에서 망설이게 되는 이유가 있다면, 뭘까요?"

상품이나 서비스가 아무리 좋아도, 고객이 바로 결정을 내리지 못하는 이유는 여러 가지다. 그럴 땐 고객의 진짜 고민을 파악하고 그에 맞춰 다시 접근하는 게 훌륭한 코치이자 영업사원의 역할이다.

아래에 "이번 구매를 꺼려 하시는 이유가 무엇입니까?"라는 질문에서 나올 수 있는 답과, 관련해서 당신이 할 수 있는 코칭 질문을 표로 만들어놓았다.

| 구매 결정 장애물 | 코칭 질문 |
| --- | --- |
| 가격이 너무 높음 | 가격 부분을 해결할 수 있다면, 또 다른 걱정 되는 부분이 있을까요? |

| | |
|---|---|
| 시간 | 시간문제는 어떻게 해결할 수 있을 것 같으세요? |
| 배우자 | 두 분이 같은 생각을 가질 수 있도록 제가 어떻게 도와드릴까요? |
| 그냥 아직 결정할 수 없음 | 결정하시는 데 있어서 가장 고민되는 게 뭘까요? |
| 결정을 내리기 전에 만나기로 한 다른 영업인이 있음 | 그 영업사원 만나보시고 나서 저와 다시 얘기할 기회를 주시면 어떨까요? |

이 책을 읽는 독자 각자가 지금 이 순간, 이런 후속 질문들을 얼마나 편안하게 받아들일 수 있는지 스스로 점검해 보길 바란다. 하지만 분명히 말하자면 이런 질문들은 고객에게 구매를 강요하려는 의도에서 비롯된 것이 아니다. 오히려 이 질문들은 고객이 스스로에게 가장 현명하고 올바른 결정을 내릴 수 있도록 도와주는 것에 그 목적이 있다.

물론, 이런 질문들조차도 이기적인 목적으로 오용될 가능성은 있다. 그렇기에 우리는 늘 자신의 철학과 마음가짐을 되돌아보는 습관을 가져야 한다. 이 부분은 누구도 대신 판단해 줄 수 없다. 오직 당신만이 자신의 태도를 진단할 수 있다.

한편, 또 다른 극단에서는 '수익을 추구하는 마음 자체가 부도덕하다'는 지나치게 청렴한 시각도 존재한다. 하지만 우리가 강조하는 코칭 영업은 고객을 조종하지 않고, 오히려 고객이 마주한 장애물에 진정으로 도전하고 해결하려는 태도를 가질 때에만 진정한 윈윈win-win이 가능하다고 믿는다.

만약 우리가 고객의 장애물에 대해 아무런 질문도 던지지 않는다면, 그 고객은 결국 덜 정직하거나 조작적인 다른 영업인의 손에 넘어가 오히려 더 나쁜 결정을 내리게 될지도 모른다.

이 장에서 소개한 코칭 질문들은 고객이 마주한 장애물을 스스로 인식하게 해 주며, 그 결과 고객은 훨씬 이성적이고 균형 잡힌 결정을 내릴 수 있게 된다. 그리고 이것이야말로 영업인의 진짜 역할이자, 진정한 영향력이다.

**무관심, 회의주의, 진정한 장애물**

고객이 "노"라고 답하거나 결정을 주저할 때는 대체로 세 가지 주요 이유 중 하나 때문이다. 그 고객은 무관심하거나, 회의적이거나, 아니면 당신의 솔루션을 따를 수 없게 만드는 실제적 장애물이 있는 것이다.

"노"라는 대답은 사실일 수도, 감정적인 반응일 수도 있다. 만약 고객이 무관심하다면, 당신이 3D 모델을 제대로 따르지 못했을 가능성이 높다. 혹은, 모델을 충실히 따랐다고 하더라도 고객의 구매 결정을 이끄는 감성적 동기를 제대로 이해하지 못했을 수 있다.

이럴 땐 고객의 감정을 다시 탐색하고, 그 안에 숨어 있는 욕구를 더 정교하게 끌어내야 한다. 고객이 무관심한 태도를 보인다면, 처음부터 다시 시작한다. 다만, 고객이 다시 시작하는 것을 허락했을 경우에 한해서다. 그리고 이번에는 훨씬 면밀하고 섬세하게 진행하도록 한다.

고객이 회의적이라면, 그의 마음속에 두려움이나 불신이 올라오고 있는 것이다. 이럴 때는 그가 그 감정을 직면하고 극복할 수 있도록 도와주는 것이 우선이다. 충분한 시간을 들여 고객이 우려하고 있는바를 드러내게 하고, 그 우려를 있는 그대로 인정하라. 문제를 해결하겠다는 태도는 단순한 구매 유도 이상의 효과를 낳는다. 그 과정 자체가 고객의 심리적 저항을 낮추고, 당신과의 신뢰를 강화하는 연결고리가 된다.

예를 들어보자. 당신이 어떤 고객에게 서비스를 판매하려고 하는데, 그는 이미 친구에게서 동일한 서비스를 받고 있는 중이라고 하자. 이 경우, 대부분의 풋내기 영업인들은 "우정과 비즈니스는 구분해야 합니다"라며 밀어붙인다. 하지만 그 결과는 대부분 실패다. 이 책에서 말하는 코칭 영업 모델에서 당신의 목표는 다르다. 당신의 목표는 고객이 그 친구와의 우정을 유지하면서도 당신과 거래할 수 있는 방법을 함께 찾는 것이다.

고객이 소중하게 여기는 가치를 무시하거나 무력화시키려 하지 말고, 오히려 그가 새로운 시각으로 문제를 바라볼 수 있도록 도와라. 이 과정은 고객과 당신 모두에게 창의성과 유연한 사고를 요구한다.

마지막으로, 정말로 고객이 구매 결정을 내릴 수 없는 실질적인 문제점이 있을 수도 있다. 이럴 땐 그가 지금 처한 상황에서 무리 없이 물러날 수 있도록 도와주는 태도가 필요하다. 당신이 고객의 한계를 인정하고 배려한다면, 그는 거절을 부담스럽게 여기지 않게 되고, 오히려 진정성을 가진 사람으로 당신을 기억하게 된다. 이때는 꼭 "저는 계약 자체보다 고객님께서 최선의 결정을 내리시는 것이 더 중요합니다"라고 강조하라.

물론, 이런 대화가 끝나고 각자의 길을 가기 전, 고객에게 "혹시 주변에 저희 비즈니스에 관심 가질 분이 계신다면 소개해 주실 수 있을까요?"라고 정중하게 요청하는 것도 좋은 타이밍일 수 있다.

앞서 언급한, 나에게 상품을 팔지 않았지만 10배의 수익을 올린 재정 컨설턴트 이야기를 떠올려보라. 그는 나의 신뢰를 얻는 데 집중했을 뿐이고, 그 진실성과 절제가 결국은 나의 추천을 통해 엄청난 수익으로 돌아왔다.

영업은 진심과 성실함을 무기로 삼을 때, 가장 오래 남고 크게 성공한다.

### 비언어적 태도의 중요성

당신을 이끌고 있는 것이 진실성인지, 아니면 이기심인지 판단하는 가장 빠른 방법 중 하나는 당신의 비언어적 태도를 살펴보는 것이다.

당신이 정말로 고객에게 최선의 결정을 돕고자 한다면, 당신의 태도는 자연스럽게 에너지 넘치고, 침착하며, 몰입하고, 인내심 있는 모습으로 드러난다.

반면, 당신의 이기심이 작동하고 있다면 당신은 짜증을 내고, 조바심을 내며, 고객을 조급하게 몰아붙이거나, 심지어 통제하고 싶은 욕구를 드러낼 것이다.

이럴 때는 스스로에게 이렇게 물어보라.

"지금 내 몸은 올바른 감정을 보여주고 있는가?"
"나는 비언어적으로 고객에게 어떤 신호를 보내고 있는가?"

이 질문들은 당신이 진정한 코치의 자세로 서 있는지, 아니면 거래 성사만을 노리는 영업인의 입장에 머물고 있는지를 점검하게 해줄 것이다.

구체적인 예를 들어보자. 당신이 재정 컨설턴트이고 상당한 자산을 가진 고객과 미팅 중이라고 가정해 보자. 코칭 과정이 잘 진행됐다고 생각했는데, 미팅 끝에 고객이 갑자기 "결정하기 어렵다"고 말한다.

당신은 그 이유가 수수료 구조 때문일 수도 있다고 생각하고, 지금 이 부분을 얘기해서 문제를 같이 풀고 싶어진다. 이런 상황에서 당신의 표정이나 태도는 정말 중요하다.

이제 고객과의 대화를 보자.

**컨설턴트** : 제가 중간에 뭔가 놓친 게 있는 것 같아요. 고객님이 이 거래에 대해 어떻게 생각하시는지 더 잘 알고 싶거든요. 혹시 지금 망설

이게 되는 이유가 뭘까요?

**고객 :** 글쎄요, 수수료 부분이 조금 걸리네요. 지금까지는 거래할 때만 수수료를 냈었거든요.

**컨설턴트 :** 그렇구나. 고객님께서 저희 방식에 좀 더 편하게 느끼실 수 있도록 여쭤볼게요. 수수료 방식에서 특히 걱정되는 부분이 있다면 어떤 건가요?

**고객 :** 솔직히 말하면, 아무것도 안 하고도 제 돈을 가져가는 느낌이에요.

**컨설턴트 :** 말씀해 주셔서 정말 고마워요. 그렇게 느끼시면 당연히 불편하셨겠어요. 사실, 아무 서비스도 안 하고 수수료만 챙기는 사람이라면 고객님 말씀대로 피해야죠. 그런데 혹시, 이 방식에서 고객님께 돌아가는 좋은 점들에 대해 들어보신 적 있으세요?

**고객 :** 아니요. 이런 방식은 처음이라 잘 모르겠어요.

**컨설턴트 :** 충분히 그러실 수 있어요. 그래서 제가 말씀드리고 싶은 건, 이 구조에서는 고객님이 수익을 적게 올리시면 저도 수익이 줄어든다는 거예요. 즉, 저희는 같은 배를 탄 파트너라는 거죠. 고객님 보시기에, 이게 어떤 의미로 느껴지세요?

**고객 :** 음, 당신도 이익을 보려면 제 수익이 늘어나야 하니까, 더 신경 쓰게 되겠네요.

**컨설턴트 :** 맞아요! 저희 입장에서도 고객님 자산이 줄어드는 걸 바랄 이유가 없죠. 반대로, 거래할 때마다 수수료를 받는 방식이라면, 고객님이 수익을 내든 말든 상관없이 똑같은 돈을 받아 가거든요. 이 두

방식 중 어느 쪽이 고객 입장에서 더 믿을 만한 파트너십일까요?

**고객** : 어떤 말씀인지 이제 알겠어요.

**컨설턴트** : 네, 고객님이 제 뜻을 이해해 주셔서 다행이에요. 하지만 더 중요한 건, 어떤 결정을 내리시든 고객님 마음이 편해야 한다는 거에요. 혹시 결정하는 데 도움이 되도록 더 얘기해야 할 부분이 있을까요?

이 사례에서처럼, 만약 이 컨설턴트가 고객의 감정과 걱정을 무시하고 넘어갔다면 이 거래는 절대 성사되지 않았을 것이다.

코칭은 언제나 100% 성공을 보장하진 않지만, 단 10~20%라도 계약 성사율을 높일 수 있다면 그 영향력은 대단히 크다.

고객의 감정에 귀 기울이고, 진심으로 돕고자 할 때, 고객의 '예스'를 이끌어낼 수 있을 뿐 아니라, 그에게 평생 신뢰할 수 있는 파트너로 남게 된다.

## ❷ 행동 단계(A) : 다음 단계는 무엇인가?

CAT 과정의 두 번째 단계인 행동 단계Action step는 말 그대로 고객의 결정에 따른 다음 행동을 구체화하는 과정이다.

고객이 "예스"라고 말한 경우, 이미 당신의 서비스를 원한다는 의미이므로 그다음 해야 할 일이 무엇인지 우리는 대부분 명확하게 알고 있다. 그러나 중요한 것은 결정을 받았든 받지 못했든 간에, 언제나 고객이 다음 단계로 나아갈 수 있도록 행동하게 해야 한다는 점이다. 만약 고객이 "노"라고 결정했을 경우, 대부분의 영업인들은 그저 그 고객을 명단에서 삭제하거나 "고객님의 상황이 나중에 달라지면 다시 한번 연락드려도 될까요?"와 같은 전형적인 멘트를 남긴다. 그러나 그것보다 더 세련된 방법으로 상황을 관리할 수 있다.

예를 들어, 고객이 아직 결정을 못 내리고 망설이는 상태라면, 행동 단계로 자연스럽게 이끌어주는 코칭 질문을 쓸 수 있다. 다음은 그런 상황에서 도움이 되는 질문들이다.

"고객님께 언제 다시 연락드리면 좋을까요?"
"고객님이 결정하시는 동안, 고객님께서 해보실 수 있는 건 어떤 게 있을까요?"
"고객님이 판단하시는 데 제가 도울 수 있는 일이 뭐가 있을까요?"
"이미 많이 고민해 보셨겠지만, 다시 한번 생각해 보시고 나서 만나는 건 어떠세요? 다음 주 이 시간 괜찮으세요?"

이러한 대화를 마친 뒤에는 반드시 후속 조치를 스마트폰이나 캘린더에 기록해 두어야 한다. 사후 관리가 부족한 영업은 실패한 영업이나 다름없다. 실행이 없다면, 당신의 미래도 없다. 나는 수많은 현장에서 단지 형편없는 사후관리 때문에 중요한 기회를 놓친 영업인을 수도 없이 보아왔다.

당신에게 맞는 방식이라면 어떤 시스템이든 좋다. 중요한 것은 실행 계획이 실제로 이루어지도록 철저히 준비하는 것이다.

## 3 시기 선택과 사후관리(T):
## 앞으로 나아가고 있음을 어떻게 확인할 것인가?

CAT 모델의 마지막 단계인 Timing & Follow-up은 '결정 이후의 과정을 안정적으로 이어가기 위한 핵심적인 전략'이다.

이 단계의 방식은 업종이나 회사의 구조에 따라 조금씩 다를 수 있다. 예컨대 본사에서 사후관리 전담팀이 운영되는 경우, 이 단계의 실무는 외부에서 진행될 수 있다. 하지만 대부분의 영업인에게는 이 시기 선택과 사후관리 단계야말로 고객을 '지지자'로 만들 수 있는 절호의 기회이다. 이런 대화를 위한 대표적인 질문은 다음과 같다.

"모든 것이 문제없이 진행되고 있나요?"
"혹시 제가 아직 생각하지 못한 부분 중에 고객님을 위해 도와드릴 일이 있을까요?"
"향후 필요사항을 미리 점검하기 위해, 언제 다시 이야기를 나누면 좋을까요?"

이렇듯 CAT 모델을 통해 협력적인 방식으로 계약을 체결하고, 실행 가능한 구체적인 행동을 설정하며, 미래를 위한 시기 조율과 사후관리를 통해 관계를 지속할 수 있게 된다.

이 CAT 모델은 3D 코칭 모델의 결정 단계를 효과적으로 마무리하도록 도와주며, 고객이 최선의 결정을 스스로 내리도록 이끌어주는 코칭형 영업인의 핵심 무기가 된다. 물론, 이 과정에서 고객의 주저나 도전적인 언어에 직면할 수도 있다. 그래서 다음 단계에서는 거절을 다루는 코칭 기술에 대해 살펴볼 것이다.

SECTION **5-4**

# 코칭 도구 : APPA

코칭 영업 3D 모델의 '결정Decide' 단계를 마무리하며, 마지막으로 소개할 유용한 코칭 도구는 APPA이다.

APPA는 고객의 이의 제기, 의심, 망설임 등에 효과적으로 대응하기 위한 간단하고 강력한 대화 구조로, 다음 네 단계로 구성되어 있다.

**A :** Acknowledge (인정하기)

**P :** Pursue (추적하기)

**P :** Provide (제공하기)

**A :** Acceptance (수용하기)

이 도구는 고객이 회의적이거나 주저하는 상황에서, 특히 우리가 상품이나 서비스가 진정 고객에게 도움이 될 것이라 믿을 때 결정적 야드를 넘기 위한 핵심 과정으로 사용된다.

## 1 Acknowledge - 인정하기

영업 초보자는 고객의 반대나 이의 제기에 대해 방어적이 되거나 논쟁을 벌이는 실수를 하기 쉽다. 하지만 노련한 코칭형 영업인은 고객의 우려를 먼저 공감하고 인정하는 것으로 대화를 시작한다.

 **Example**

"계약 기간에 대해 우려하고 계신 것 같습니다. 충분히 이해됩니다. 저로서는 왜 이 조건이 고객님께 유리할 수 있는지를 함께 살펴보는 것도 좋은 기회라 생각합니다."

이처럼 감정과 우려를 인정해 주는 태도는 고객과의 긴장을 완화하고 신뢰를 쌓는 데 효과적이다.

## 2 Pursue - 추적하기

고객의 감정을 인정한 후에는 고객이 표현한 이의 제기를 좀 더 깊이 있게 파고들어 진짜 이유를 찾는 단계다. 이때는 발견 단계에서처럼 질문을 사용하여 은밀히 남아 있던 장애물을 드러내도록 유도한다.

 **Example**

"이 부분에 대해 고객님께서 가장 우려하시는 점은 무엇인지 말씀해

주시겠습니까?"

이런 질문은 고객 스스로도 미처 인식하지 못했던 감정적/실질적 장애 요소를 발견하게 도와준다.

### 3 Provide – 제공하기

고객의 우려가 명확해졌다면 이제는 그에 대한 대안이나 솔루션을 제공할 차례다. 이 과정은 3D 모델의 '논의' 단계처럼 고객 중심의 대화 방식을 유지하면서, 정보를 제공하고 관점을 전환한다.

고객이 가격 문제를 우려한다면, 단순한 '금액'보다 그 금액으로 얻게 될 '가치'와 '효용'에 초점을 맞춰 설명하는 방식이다. 고객과 함께 문제를 다르게 바라보고, 합리적인 해결 방향을 함께 모색하는 것이다.

### 4 Acceptance – 수용하기

마지막으로, 대화는 반드시 실행으로 마무리해야 한다. 즉, 고객이 걱정을 어느 정도 해소한 상태라면, 구체적인 실행 단계를 만들어야 한다.

 Example

"앞서 말씀하신 걱정에 대해 제가 충분히 설명해 드렸다고 보세요?"

"혹시 다른 고민이나 걸리는 부분은 없으세요?"

이렇게 고객의 감정을 정중하게 점검하고, 새로운 의문이 없다는 것을 확인한 다음, 자연스럽게 결정으로 이어지는 단계로 넘어가야 한다.

APPA는 매우 간단하지만, 숙련된 영업인에게는 가장 실전적인 반대/이의 처리 도구가 될 수 있다. 고객이 정말로 당신의 서비스나 제품으로 혜택을 얻을 수 있는 사람이라면, 이 모델을 통해 고객의 망설임을 정중하게 다루고, 신뢰와 계약 모두를 성공시킬 수 있을 것이다.

## 실행과제

### 실행과제 1 :
### 3D 코칭 모델의 결정 단계에서 우리의 역량을 강화하는 데 도움을 줄 수 있는 다음과 같은 질문에 대답하라.

1. '아니오'나 '아직 결정을 하지 못했습니다'라는 대답을 들은 최근의 영업 시도에서 몇 가지 예를 적어보라.

_____

_____

2. 이제 코칭 모델을 사용하면서 그 상황을 어떤 다른 방법으로 다룰 수 있을 것 같은가?

_____

3. 계약을 따낼 가능성을 되찾기 위해 당신이 할 수 있는 일은 무엇인가?

_____

4. 미래에는 이 정보를 어떻게 이용할 수 있는가?(그리고 이를 기억하고 실행으로 옮기도록 우리 자신을 어떻게 훈련할 것인가?)

_____

_____

## 실행과제 2 : 협력적인 계약 체결

협력적인 계약 체결을 위해 당신이 사용할 질문을 만들어 보라. '무엇'으로 시작하는 두 질문과 '어떻게'로 시작하는 두 질문을 만들어 보라.

1. 무엇
2. 무엇
3. 어떻게
4. 어떻게

## 실행과제 3 : 비언어적 커뮤니케이션

거울 앞에서 당신의 커뮤니케이션을 연습해 보라(주로 전화로 일한다 해도 이 연습을 통해 도움을 받을 수 있다). 하지만 미소 같은 걸 연습하는 대신에 실행이나 타이밍, 사후관리 등으로 넘어가면서 협력적인 계약 체결을 위해 코칭 질문을 하는 자신을 관찰하라. 이 연습을 하면서 다음과 같은 질문을 해보라.

— 자신을 소개하는 방법에서 내가 정말 맘에 드는 부분은 뭔가?
— 다르게 하거나 더 잘하기 위해 뭘 바꾸고 싶은가?
— 얼마나 진짜 내 모습이 나타나고 있는가? 나는 얼마나 진솔하게 보이며, 이 과정에서 내가 누구인지를 어떻게 하면 더 많이 보여줄 수 있을까?

note

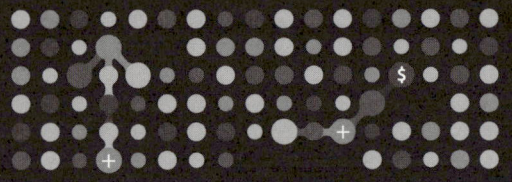

## PART 3

# JUMP
# TO THE
# NEXT LEVEL
## 다음 단계로 도약

# SECTION 6

# 자신감 :
# 성공을 위한 연료

"제아무리 똑똑하고 영리한 사람이라도 온전한 정직함과 도덕적인 용기가 없으면 결코 그의 부하나 동료들의 신뢰를 얻지 못한다."
— J. 로튼 콜린스Lawton Collins

"나는 가장 위대하다. 나는 가장 위대하다는 사실을 알기 전부터 내 입으로 이렇게 말했다."
— 무하마드 알리Muhammad Ali

## 개요

진정한 코칭 영업인으로 거듭나기 위해 반드시 필요한 것이 있다면, 그것은 바로 자신감이다. 자신감은 효과적인 영업인이 되기 위한 연료와 같다. 하루 종일 고객의 난제를 다루고, 때로는 단호한 "노"를 마주하면서도 끈기를 유지하려면 누구든 그만한 에너지가 필요하다. 고객의 입장을 이해하며 끊임없이 창의적인 해결책을 제시하기 위해서는 스킬보다 자신감이 우선이다. 코칭 영업을 실제로 적용하기 위해서는 되도록이면 자신감이 몸에 밴 상태여야 한다.

이 장에서는 자신감을 키우는 다섯 가지 접근법을 살펴보며, 내일의 성공을 준비하는 당신에게 실질적인 연료를 제공할 것이다.

## 현장 경험

나는 한번, 아주 큰 중요한 프로젝트에서 엄청난 압박을 받았던 적이 있다. 그 거래가 성사되기를 간절히 바랐고 고객은 커뮤니케이션, 자신감, 코칭 스킬을 중심으로 한 6개월짜리 교육 프로그램을 원했다. 우리는 이 교육을 만들고, 고객사의 핵심 인력들을 코칭 하며, 전체적인 성과 향상을 지원하는 역할을 맡게 될 수도 있는 상황이었다.

두 번째 미팅에는 CEO, COO, 영업 부장, HR 부장이 나왔는데, 모두 압도적인 분위기를 내뿜는 사람들이었다. 그들은 열정적이면서도 날카로운 눈빛으로 나를 보며 질문을 쏟아냈다.

"우리가 좋은 결과를 얻을 수 있다는 걸 어떻게 확신할 수 있죠?"

"귀사의 실력을 어떻게 보장하시겠어요?"
"우리는 세 군데 업체를 비교하고 있는데, 귀사 비용이 가장 비싸요. 우리가 귀사와 계약해야 하는 이유가 뭔가요?"

순간 압박감을 느끼면서, 수수료를 깎아줘야 하나 하는 생각이 스쳤다. 그런데 나는 조급한 전략 대신, 진심 어린 자신감으로 대응하기로 했다. 그리고 고객의 질문에 답하기 전에 나 자신에게 세 가지 질문을 던졌다.

— 나는 우리 프로그램이 좋은 결과를 낼 것이라고 100% 믿고 있는가?
— 나는 고객에게 무엇을 보장할 수 있는가?
— 고객이 굳이 더 싼 업체가 아니라 우리를 선택해야 할 이유는 무엇인가?

나 자신에게 내린 답은 명확했다.
"프로그램은 이미 검증되었고, 실질적인 변화와 성과를 만들어낸다. 나는 이 고객에게도 결과를 가져다줄 수 있다고 확신한다."
성과에 대한 보장은 가능하다. 다만 고객 또한 프로그램에 성실히 참여해야 한다는 전제가 필요하다. 고객이 그 역할을 다한다면, 우리는 충분한 성과를 제공할 수 있다. 다른 업체도 '비슷해 보이는' 서비스를 제공할 수는 있겠지만, 확실한 결과에 대한 믿음은 우리에게 있었다.

그 점이 차이를 만든다.

나는 이런 확신을 바탕으로 코칭 모델을 유지한 채, 고객의 요구와 관점을 놓치지 않으면서도 당당하게 대화에 임했다. 오만하지 않으면서도 자신감 있게, 설득력 있는 근거로 장점을 전달했다.

결국 그 회사는 나와 계약을 체결했고, 우리는 장기 파트너로 발전했다. 프로젝트가 끝나갈 무렵, 나는 그 회사 CEO에게 물었다.

"왜 다른 회사 대신 저희를 선택하셨나요?"

그는 나를 똑바로 보며 이렇게 대답했다.

"당신은 자신감이 있었습니다. 우리는 자기가 무슨 일을 하고 있는지 정확히 알고 있는 사람을 원했죠. 그래서 당신을 선택했습니다."

### 원칙

자동차에 연료를 제대로 공급하지 않으면서도 잘 굴러갈 것이라 믿는 것은 어리석은 일이다. 연료가 부족하면 경고등이 켜지는 것은 누구나 알고 있으며, 이 경고등에 반응하는 것은 너무나도 당연하다.

비슷한 실력을 가진 두 영업사원이 경쟁한다고 가정해 보자. 결정적인 순간에 계약을 성사시키는 사람과 그러지 못하는 사람의 차이는 바로 자신감이다. 연료탱크에 충분히 연료를 채워둔 사람은 힘차게 앞으로 나아가지만, 그렇지 않은 사람은 쉽게 지쳐버리고 만다.

당신에게는 에너지가 바닥나기 전에 경고해 주는 내면의 경고등이 있는가? 대부분의 사람은 심각한 피로, 무기력함, 혹은 신체적 증상이 나타나고 나서야 비로소 자신을 돌아본다. 그러나 에너지가 완전히 고갈된 후에 재충전하는 데는 평소보다 몇 배나 많은 시간과 노력이 필요하다.

## SECTION 6-1
# 자신감 충전하기
### (이미 자신감이 넘치는 사람도 해당됨)

재충전이 필요할 때까지 기다리지 마라. 항상 자신감을 충전해 두는 습관은 경쟁자를 앞설 수 있는 강력한 도구가 된다. 스포츠 경기를 보면, 기술은 부족해도 자신감이 높은 팀이 강팀을 이기는 경우가 종종 있다. 비즈니스 현장에서도 마찬가지다. 모든 면에서 능력이 뛰어나지는 않더라도, 강한 자신감을 지닌 사람이 더 많은 기회를 얻고, 더 높은 자리에 오르는 경우를 우리는 자주 목격한다.

영업의 세계에서는 이 차이가 더욱 분명해진다. 자신감이 넘치는 영업인은, 때로는 경쟁사의 더 뛰어난 상품을 제치고 계약을 따낸다. 반대로, 세계 최고의 상품을 보유하고 있더라도 자신감 없는 자세로 고객을 대하면 실패할 확률이 매우 높다. 고객은 상담자의 자신감을 눈빛과 말투에서 느끼며, 그 사람이 불안해 보일 때는 재빨리 마음을 닫는다.

어떤 운동선수가 있다. 타고난 재능도 뛰어나고, 신체 조건도 완벽하다. 하지만 이 선수가 경기에서 좋은 성적을 내지 못한다면 그 이유는 단 하나 자신감 부족일 것이다. 이 선수는 '잠재력 있는 선수'로만 남게 된다.

코칭 영업을 할 때는 의식하지 않아도 자신감을 갖는 습관이 필요하다. 그런 자연스러운 자신감은 다음 세 가지 요소에서 비롯된다.

### 코칭 영업의 자신감 3요소

**지식** : 전통적인 영업인들도 잘 알고 있듯이, 자신의 상품에 대한 깊은 지식은 기본이다. 나는 이 점에 전적으로 동의한다. 고객에 대한 이해, 상품의 특징과 혜택, 시장의 흐름에 대한 탄탄한 지식 없이는 자신감이 생기지 않는다.

**기술** : 탁월한 영업인은 단순히 말을 잘하는 사람이 아니다. 경청, 설득, 관계 형성, 문제 해결이라는 핵심 기술을 실제 상황에서 유연하게 구사할 수 있어야 한다.

**습관** : 마지막은 실행이다. 성공적인 행동을 반복해서 실천하는 강력한 습관이 형성될 때, 당신의 자신감은 비로소 자동화된다. 내가 이 책에 수많은 실행과제를 넣은 이유도 여기에 있다. 지식만으로는 변화가 일어나지 않는다. 실천하고, 반복하며, 습관으로 내면화해야 비로소 영업인으로서의 자신감이 생긴다.


SECTION **6-2**
## 코칭 영업인이 왜 유별난 자신감을 갖추어야 하는가?

코칭 영업을 지향하는 영업인에게 자신감이 그렇게도 중요하단 말인가? 그렇다. 매우 중요하다.

현실을 직시해 보자. 영업인만큼 많은 역경을 무릅써야 하는 전문가는 거의 없다. 거절당하는 횟수, 무례한 고객을 대하는 빈도 그리고 그 과정에서 자기 존중감을 지켜야 하는 정도는 상상을 초월한다. 심지어 어떤 사람들은 영업인에게 무례하게 대하는 것을 당연하게 여긴다. (물론, 이는 영업계가 과거에 자초한 측면도 있다.)

영업 경력은 소심한 사람에게는 너무 가혹한 길이다. 매일같이 닥쳐오는 난제들을 힘과 자신감으로 이겨내야만 버틸 수 있다. 자신감을 잃은 영업인은 이 세계에서 살아남을 수 없다. 당신의 고용 안정성과 수입 수준은 결국 당신의 자신감에 의해 좌우된다. 다시 말해, 자신감 없이 버틸 수 있는 영업 세계란 없다.

그리고 명심하라. 적정 수준의 자신감을 가진 사람도 더 강한 자신감을 지닌 경쟁자에게 거래를 빼앗길 수 있다.

앞서 나왔던 '가이드의 예시'로 다시 돌아가 보자. 당신이 험난한 지형의 산꼭대기까지 올라가는 위험한 등산을 막 시작하려고 한다고 상상해 보라. (이는 막대한 금액을 투자해야 할지 말지 고민하는 고객의 심정과 별반 다르지 않다.) 당신은 아래 세 명 중 누구를 가이드로 선택하겠는가?

**자신의 능력에 확신이 없는 사람**

"솔직히 말씀드리자면, 이 코스는 꽤 험난합니다. 저는 꼭대기까지 올라가 본 경험이 몇 번 안 돼요. 그러니 너무 큰 기대는 하지 마세요."

**보통 수준의 자신감을 보이는 사람**
"아마 제가 고객님께 맞는 가이드일 겁니다. 보통은 무사히 다녀오긴 하지요. 좋은 여행이 되면 좋겠습니다."

**경험과 능력에 대한 확신이 가득한 사람**
"이 코스는 제가 수백 번 이상 다녀온 길입니다. 아주 안전하게 모실 수 있습니다. 고객님께 평생 기억에 남을 최고의 경험을 선사해 드리겠습니다."

이 질문에 대한 대답은 명확하다. 첫 번째 가이드를 택할 사람은 아무도 없을 것이다. 두 번째 가이드를 고려할 수는 있겠지만, 세 번째 가이드가 등장하는 순간 대부분은 그에게 마음이 끌릴 것이다. 게임 자체가 안 되는 것이다.

그러나 여기서 한 가지 중요한 사실을 반드시 기억해야 한다. 고객의 관점이나 필요에 대한 이해 없이 자신감만 넘치는 사람은 오만해 보일 뿐이다. 자신감과 배려가 조화를 이룰 때 고객은 그 사람을 가치 높은 파트너로 여기게 된다.

자신감을 바탕으로 신뢰를 쌓고, 신뢰를 통해 관계를 구축하며, 그 관계가 모든 사람을 성공으로 이끈다. 고객이 신뢰하고 따르는 영업인은 자신감과 역량 그리고 진심 어린 배려를 동시에 갖춘 사람이다. 그는 고객을 올바른 구매 결정으로 이끄는 진정한 가이드인 것이다.

## SECTION 6-3
## 자신감으로 가는 다섯 가지 길

상대에게 영감을 주는 코치인가? 아니라면, 이 장이 변화를 줄 수 있다. 이미 다른 사람들에게 영감을 주는 코치라 하더라도, 지금보다 더 뛰어난 코치가 될 수 있다는 사실을 알고 있는가? 이 장을 통해 자신감을 한층 더 끌어올리고, 새로운 수준으로 나아갈 수 있다.

대부분의 자신감 관련 책은 '자기 대화self-talk' 전략에 중점을 둔다. 이 전략은 효과가 있지만 그것만으로는 충분하지 않다. 자기 생각에만 집중하는 건 마치 헬스장에서 이두박근만 열심히 단련하는 것과 같다. 이두박근은 단단해질 수 있지만, 복근이나 흉근, 대퇴사두근, 삼두근 등 나머지 부위를 무시하면 전체적으로 균형 잡힌 몸을 만들 수는 없다. 자신감을 기르기 위해서는 다음 다섯 가지 영역을 골고루 활용해야 한다.

— 지적 영역(사고 중심 접근)
— 감성적 영역(감정 중심 접근)

― 행동적 영역(실행 중심 접근)

― 관계적 영역(공동체 중심 접근)

― 영적 영역(삶의 목적 및 사명 중심 접근)

각 영역별로 실질적인 전략을 소개한다.

## 1 지적 영역 (사고 중심 접근)

지적 전략은 자신감을 높이는 데 가장 널리 쓰이는 방식이다. 인지 심리학에 따르면 어떤 생각을 하느냐가 자신감에 직접적인 영향을 미치며, 이는 곧 성과로 이어진다. 특정 행위를 잘해낼 수 있다고 믿는 '자기 효능감 self-efficacy'은 실제 성공 가능성과 밀접한 관련이 있다.

자기 효능감이 높은 사람은 일반적으로 더 건강하고, 더 자주 성공하며, 삶에 대한 만족감도 크다. 이 자기 효능감은 평소 하는 '자기 대화'를 통해 드러난다. 아침에 눈을 뜰 때 '오늘 하루도 버겁겠지'라고 생각하는가? 아니면 '오늘은 어떤 기회가 기다리고 있을까?'라고 기대하는가?

다음은 자기 대화에 따른 예시다.

**자신감 있는 자기 대화**

"이 거래를 성사시키면 오늘 할당량을 채울 수 있어."

"조금 더 노력하면 이 고객도 설득할 수 있어."

"올바른 기술을 쓰고 인내한다면 충분히 도울 수 있어."

**자신감 없는 자기 대화**

"이 거래를 못 따내면 오늘은 망했어."

"이 사람에게 쓸 시간이 없어."

"정보만 주고 끝내는 게 낫겠지."

생각은 말로 드러나고, 말은 태도와 행동으로 이어지며, 결국 결과를 결정한다. 자신감은 생각에서 시작된다.

### ❷ 감성적 영역 (감정 중심 접근)

감성적 전략은 말보다 감각을 통해 자신감을 자극하는 방식이다. 오감(시각, 청각, 촉각, 후각, 미각)을 자극해 무의식적인 수준에서 긍정적인 감정을 불러일으키며, 직관과 감정의 울림을 통해 큰 효과를 발휘한다.

예를 들어, 자신감을 느끼게 해주는 음악이나 영화가 있다. 영화 〈탑건〉을 본 후 자신감이 솟는 이유는 대사, 연기, 액션, 소리, 음악 등 감각을 자극하는 요소들이 조화를 이루기 때문이다.

워크숍에서는 참가자들에게 다음과 같은 질문을 던져 오감으로 자신감을 재현하게 한다.

― 자신감은 어떤 색과 이미지인가? (시각)

— 어떤 음악이나 소리로 들리는가? (청각)

— 어떤 향기로 느껴지는가? (후각)

— 어떤 촉감인가? (촉각)

— 어떤 맛인가? (미각)

이런 훈련을 통해 참가자들은 자세가 바뀌고, 표정에 생기가 돌며, 활력이 생긴다. 감성적 자신감은 사고보다 훨씬 강력하게 무의식을 움직이며, 고객에게 주는 인상에도 직접적인 영향을 준다.

### ❸ 행동적 영역 (실행 중심 접근)

자신감을 진짜로 키우는 핵심은 '행동'이다. 아무리 긍정적인 생각과 감정을 가지고 있어도, 행동으로 옮기지 않으면 자신감은 쉽게 무너진다. 특히, 불편하거나 두려운 상황을 회피하면 그 두려움은 점점 더 커진다.

예를 들어 불만 많은 고객의 전화를 피하면, 그 고객은 더 두려운 존재가 된다. 반대로, 불편하더라도 전화를 받고 마주하면 자신감은 단단해진다. 회피는 두려움을 키우고, 직면은 자신감을 키운다.

우리 모두에게는 익숙한 '안전지대'가 있다. 이 범위를 벗어나는 큰 성공은 오히려 불안하게 만들고, 무의식중에 예전 수준으로 돌아가게 만든다. 그래서 전화 영업을 잘하다가 갑자기 멈추거나, 성공적인 세미나를 열고도 다시는 안 하는 경우가 생긴다. 이때 쓸 수 있는 방법은 두 가지다.

**단계적 접근법 :** 두려운 행동을 단계별로 나누고, 점진적으로 실천한다.

 **Example** 고객 전화 응대 → 상담 미팅 → 발표

**집중 노출법 :** 두려움을 한 번에 직면하고, 완전히 경험한다. 초기 불편함은 크지만, 반복을 통해 두려움을 무력화시킨다.

어느 쪽이든 회피보다는 도전이 필요하다. 행동을 통해 두려움을 넘어서야 진짜 자신감을 얻을 수 있다.

|  | 단계적 접근법 | 집중 노출법 |
| --- | --- | --- |
| 접근 | 우리가 두려워하는 것을 하나 선택해서 이에 맞설 수 있도록 순서대로 여러 단계로 나눠보라(5~12단계 정도면 된다). 가장 두려움이 적은 것부터 시작하라. 이렇게 하다 보면 결국 우리를 두렵게 하거나 불편하게 만드는 일을 할 수 있게 된다. | 바로 뛰어들어서 우리가 두려워하는 바로 그 일을 하라. 두려움이 사라질 때까지 충분히 오랫동안 계속하라. |
| 이론 | 우리가 가장 두려워하는 것과 맞서기 위해 서서히 자신감과 편안한 마음을 키워서, 일단 그 두려움과 맞서게 되면 예전처럼 큰 두려움으로 느끼지 않아 불편한 행동도 더 이상 존재하지 않는다. | 우리는 한동안만 두렵거나 불편한 상태가 될 뿐이다. 무언가에 충분히 오랫동안 직면하면 우리의 몸은 결국 아드레날린 방출을 멈출 것이고 그 불편함에 적응한다. |

| | | |
|---|---|---|
| 장점 | • 약간 힘들거나 불편할 뿐이다.<br>• 발전을 향한 더 참을성 있는 길을 허용한다.<br>• 긴장 완화 기법을 배우는 등 추가적인 도움을 준다. | • 더 빠르다.<br>• 두려움에 맞서는 행동을 통해 단시간 내 큰 자신감을 얻을 수 있다. |
| 결점 | • 시간이 오래 걸린다.<br>• 여러 단계를 만들어야 한다. | • 처음에는 매우 힘들 수도 있다. |

## 4 관계적 영역(커뮤니티적 접근법)

자신감은 개인 내부에서만 비롯되는 게 아니다. 오히려 주변 환경, 특히 인간관계의 영향을 크게 받는다. 주변에 부정적인 사람이 많거나 지속적으로 갈등에 얽혀 있다면, 자신감은 쉽게 위축되고 고객을 효과적으로 코칭 하는 능력도 현저히 떨어지게 된다.

이런 이유로 영업관리자의 태도가 매우 중요하다. 사무실의 위치나 옆 사무실에 누가 있는지도 성과에 실질적인 영향을 줄 수 있다. 안정적이고 행복한 가정생활 역시 영업 성과에 큰 영향을 미치는 요인이다.

부정적인 분위기와 지속적인 갈등은 의욕, 에너지, 낙관성을 고갈시킨다. 예를 들어 가정에서는 배우자와 갈등이 계속되고, 직장에서는 변화에 대한 불만을 늘어놓는 동료들과 함께 일하며, 상사는 칭찬보다 비난과 비하를 일삼는 환경을 상상해 보자. 이런 상황에서의 성과는, 안정된 가정에서 지지를 받고, 동료들이 활기차며 건전한 경쟁을 즐기고, 상사가 구성원의 강점을 인정하고 격려하는 환경에서 일하는 사람의 성과와 비교할 수 있을까? 두 사람이 같은 수준의 실력을 가지고 있다면, 어느 쪽이 더 높은 성과를 내는지는 말할 필요도 없다.

이제 자신감과 코칭 능력을 높일 수 있는 관계 전략 몇 가지를 소개한다.

**주변을 올바른 사람들로 채워라**

말은 간단하다. 그런데 얼마나 많은 사람들이 자기 주변을 부정적인 사람들로 둘러싸고 사는지를 보면 놀랄 정도다.

나는 자신의 삶에서 부정적인 친구들을 정리하려는 영업사원들을 많이 도와왔다. 여기서 말하는 그런 친구들은 힘든 시기를 겪고 있어서 일시적인 도움이 필요한 친구들이 아니다. 항상 부정적이어서 당신과 주변 사람들의 기분을 망치는 유형의 사람들이다.

이런 친구들은 쉽게 구분할 수 있다. 스스로를 도우려는 횟수보다 당신이 도와주는 횟수가 훨씬 많은 사람들이 바로 그렇다. 게다가 나는 '부정적인 성향을 완전히 없애려는' 회사들도 많이 도와왔다. 이 원칙을 면접 과정에 적용하고, 태도를 중요한 평가 기준으로 삼는 성과 관리 시스템을 만들도록 지원했다.

다시 말하지만, 부정적인 성향은 감정을 표현하거나 문제를 파악해서 해결하려는 행동과 혼동해서는 안 된다. 감정을 표출하는 사람은 목적에 따라 일시적으로 부정적일 수 있다. 이는 감정을 내보내고 더 나은 방향으로 나아가려는 태도다. 그런데 부정적인 사람은 그냥 부정적이기 위해 부정적이다.

문제를 지적하고 해결하려는 사람은 영업 조직에서 매우 소중한 존재다. 결정적인 차이는 여기 있다. 부정적인 사람은 문제에 대해 불평만 한다. 반면, 문제 해결형 사람은 문제와 함께 가능한 해결책까지 제시한다.

부정적인 사람을 완전히 피하기는 어렵다. 하지만 그런 사람들에게 맞서거나, 무시하거나, 거리를 두는 등 방법은 여러 가지다. 그들의 부정적인 에너지에 휘둘릴 필요는 없다.

**갈등에 직면하고 다루는 법을 배워라**

대부분의 사람들은 갈등을 피하거나 제대로 처리하지 못하는 경향이 있다. 많은 영업인들 또한 무슨 수를 써서라도 갈등을 피하려 한다. 그렇게 되면 다음과 같은 문제가 발생할 수 있다.

— 요구가 많은 고객에게 과도한 약속을 한다.
— 같은 사무실에서 일하면서 자신을 지치게 만드는 사람을 다루지 못한다.
— 친구가 되고 싶지 않은 사람들을 주변에서 떨쳐내지 못한다.
— 비즈니스적으로 중요한 사람과의 관계를 포기한다.
— "노"라고 말하지 못한다.

― 요구가 많은 상사의 비위를 맞추려 애쓴다.
― 거절에 대한 두려움 때문에 영업을 마무리하지 못한다.
― 속 쓰림, 궤양, 두통 등 신체적 증상이 생긴다.
― 인생에 변화를 시도하는 데 실패한다.

사람들이 갈등을 피하는 가장 큰 이유 중 하나는 '예기 불안'이다. 무언가를 시도하기 전, 나쁜 일이 일어날지도 모른다는 두려움이다. 많은 사람들은 갈등이 시작되기도 전에, 그 상황이 얼마나 나쁘게 흘러갈지를 먼저 상상한다. 이런 생각은 에너지를 소모시킬 뿐 아니라 실제 상호작용에서 긴장을 유발해, 진짜로 안 좋은 상황을 만들어낼 수도 있다.

반대로, 긍정적인 결과와 다양한 윈윈 솔루션을 상상하며 갈등을 맞이하는 사람은 좋은 결과를 얻을 가능성이 훨씬 크다.

이와 반대되는 성향을 가진 영업인도 있다. 이들은 갈등을 피하기보다는 갈등이 생기지 않도록 사전에 조치를 취한다. 영업은 열정적인 성향의 사람들을 끌어당기므로, 영업 현장은 추진력과 공격성을 구분하지 못하는 사람들로 가득하다.

나는 영업에서 건강한 경쟁을 지지하지만, 동시에 오만하고 자기도취에 빠진 영업인들이 고객보다 실적만을 중시하다가 큰 손실을 겪는 사례를 수없이 보았다. 이런 사람들 중 다수는 인내와 지속적인 노력만으로도 성공할 수 있는 잠재력을 지녔다. 그러나 이들은 모든 관계자가 함께 이익을 얻는 구조를 만들고, 지속 가능한 관계를 형성하는 법을 배우지 못하면 결코 자신의 잠재력을 끝까지 실현할 수 없다.

요즘 영업에서는 관계의 역할이 점점 더 중요해지고 있다. 비슷한 상품을 판매하는 여러 영업인들이 같은 계약을 놓고 경쟁하는 경우가 많다. 이런 상황에서 자신감 있는 영업인은 고객에게 신뢰감을 주며, 밀어붙이는 오만한 영업인을 쉽게 이길 수 있다.

영업 상황에서 자주 마주치는 반대, 이의 제기, 망설임을 효과적으로 다루는 법을 배우는 것은 코칭 과정에서도 핵심이다. 이 과정에서 고객의 행동 유형에 맞춰 자신의 접근 방식을 유연하게 바꾸는 역량이 필요하다.

### 관리자(상사)와 긍정적인 관계를 만들어라

이 책을 읽는 독자들 중에는 회사를 운영하고 있어서 상사가 없는 사람도 있을 수 있다. 그런 경우라면 이 장은 그냥 참고만 하면 된다. 하지만 까다로운 영업 관리자 아래에서 일하고 있다면, 상사와의 관계가 얼마나 영업인의 경력에 큰 영향을 미치는지 충분히 공감할 것이다.

갈등 해결 기술은 상사와의 관계에서도 핵심적인 역할을 한다. 때때로는 상사와 경쟁해야 목표를 달성할 수 있는 상황이 생기기도 하며, 이로 인해 갈등이 발생한다. 이 갈등을 잘 처리하면 상사를 강력한 지지자로 만들 수 있다. 하지만 갈등을 제대로 다루지 못하면 점점 더 많은 고통과 골칫거리가 쌓이게 된다. 그렇기 때문에 언제나 상사와 '윈윈' 관계를 만드는 방법을 염두에 두어야 한다.

### 힘을 고갈시키는 고객은 포기하라

금융 서비스 분야에서 가장 성공적인 컨설턴트들은 고객 명단을 살펴보며, 고객을 여러 카테고리로 나눠 분류하는 일을 일상적으로 한다. 이중 일정 비율의 고객은 신참 컨설턴트에게 넘기거나, 회사의 정보처리 부서로 이관한다. 이 고객들은 보통 컨설턴트에게 재정적으로 미치는 영향이 가장 낮은 그룹이다.

하지만 최고의 실적을 올리는 컨설턴트들은 단순히 수익성만이 아니라 고객과의 관계도 함께 고려한다. 즉, 어떤 고객은 금전적으로는 매우 중요할 수 있지만, 그 고객이 지나치게 부정적이고 신경을 많이 쓰게 만드는 사람이라면 과감히 다른 사람에게 넘겨버리는 경우가 많다.

왜 실적이 뛰어난 전문가들이 이런 수익성 있는 고객을 포기할까? 그 이유는 간단하다. 이런 고객은 컨설턴트의 에너지를 갉아먹기 때문이다. 부정적이고 많은 주의를 필요로 하는 고객은, 그에게서 얻을 수 있는 수익만큼의 가치를 전혀 제공하지 못한다.

자신감이 부족한 컨설턴트는 수익성 있는 고객을 쉽게 놓지 못한다. 반면, 현명한 컨설턴트는 특정 고객이 앗아간 시간과 에너지를 되찾기 위해 일시적인 금전적 손해 정도는 감수한다. 그리고 이렇게 회복한 에너지를, 함께 일하면서 즐거움을 느끼는 고객들에게 쏟아부어 더 많은 수입을 얻는다. 이들은 자신이 즐기면서 일할 수 있을 때 최고의 성과를 낼 수 있다고 믿는다.

스스로에게 물어보자.

"나는 나 자신을 믿고 있는가? 아니면 나를 지치게 만드는 고객에게 계속 매달리고 있는가?"

**다른 사람에게 돌려주라**

행복과 만족에 대한 연구 결과를 보면 흥미로운 사실이 있다. 바로 이타적인 행위, 즉 다른 사람에게 베푸는 행동이 자신감에 놀라울 정도로 큰 영향을 준다는 것이다. 가장 훌륭한 코치는 단지 돈을 벌기 위해서가 아니라, 다른 사람에게 긍정적인 영향을 주는 기쁨을 위해 일한다.

이들은 성공보다 '의미'가 더 중요하다는 것을 알고 있으며, 역설적으로도 성공은 의미에 집중할 때 따라온다는 사실을 잘 알고 있다. 물론 코칭 영업은 계약을 성사시키는 것이 목적이다. 그러나 그 핵심은 다른 사람들의 삶에 긍정적이고 의미 있는 방식으로 영향을 주는 데 있다.

영업 활동을 할 때 고객에게 가장 유익한 방향이 무엇인지를 진심으로 고민하라. 그리고 고객에게 더 나은 방향이라면, 자신의 이익을 과감히 포기하라. 진실성은 돈보다 훨씬 더 중요한 자산이다.

불안한 마음을 가진 사람은 성공하려면 매 건의 영업을 반드시 성사시켜야 한다고 믿는다. 하지만 자신감 있고 낙천적인 영업인은 이 세상에 자신의 상품이나 서비스를 필요로 하는 사람이 넘쳐난다는 걸 알고 있다. 그렇기 때문에 굳이 자신의 진실성을 훼손해가며 좋지 않은 계약을 따낼 필요가 없다는 것도 잘 안다.

진실성을 지키며 살아가는 사람은 활력이 넘친다. 반면, 살아남기 위해 무슨 일이든 하는 사람은 일시적인 성공에서 오는 단기적인 에너지밖에 얻지 못한다.

나는 최근 박사과정 연구원들과 함께 국내 주요 대기업에서 활동 중인 일류 영업 전문가 50명을 인터뷰할 기회를 가졌다. 이들은 주로 수도권에서 활동하고 있었으며 인터뷰의 목적은 "무엇이 이들을 최고의 영업인으로 만들었는가?", "왜 수천 명이 일하는 회사에서 이 50명이 최고가 되었는가?"였다.

이들의 답변을 분석한 결과, 공통된 요소는 '고객을 대하는 방식'에 있었다. 그들의 공통된 답변은 다음과 같았다.

― 나는 항상 고객에게 최선을 다한다.
― 진심으로 고객을 배려한다.
― 고객을 위해서라면 일시적인 이익은 포기한다.
― 내 고객을 사랑한다.

― 고객을 위해서라면 어떤 일도 마다하지 않는다.

결론은 간단하다. 최고의 영업 코치가 되기 위해서는 '다른 사람에게 돌려주는 것'에 집중해야 한다. 이득을 얻는 것보다 다른 사람을 돕는 것이 더 가치 있다고 믿어야 한다. 그리고 진실성은 돈으로 환산할 수 없는 소중한 자산임을 깨달아야 한다.

### 5 영적 영역 (삶의 목표와 사명적 접근법)

많은 사람들은 자신감이 얼마나 쉽게 흔들릴 수 있는지를 경험한다. 우리의 생각, 감정, 행동 그리고 인간관계는 때로 너무 덧없고 취약하다. 그러나 자신감의 핵심에는 외부의 누구도 침범할 수 없는 단 하나의 요소가 존재한다. 그것은 바로 영적 자신감이다.

여기서 '영적'이라는 말은 종교적인 의미에만 국한된 것이 아니다. 훨씬 넓은 의미로 개인이 삶에서 가지는 목표와 사명을 뜻한다. 내가 왜 이 세상에 존재하는지, 무엇을 이루기 위해 살아가고 있는지를 늘 인식하고 있다면, 외부의 어떤 상황도 그 자신감을 쉽게 흔들 수는 없다.

'자기 배신', 즉 어떤 상황에서 내가 해야 한다고 느끼는 일을 피하는 행위는 외부의 누군가가 아닌 오직 나 자신만이 할 수 있는 것이다. 남들은 나를 배신할 수는 있어도, 나 스스로를 배신하는 건 내가 선택하는 것이다. 자신의 사명을 제대로 이해하고 있을 때, 그 누구도 나의 긍정적인 마음과 에너지를 빼앗을 수 없다.

영업에서 실패를 반복한다 하더라도, 누군가의 삶에 긍정적인 영향을 주는 것이 나의 삶의 목표라면, 그 실패는 단지 일상 속의 작은 결함일 뿐이다.

예를 들어, 만약 나의 사명이 일상의 삶 속에서 신을 섬기는 것이라면, 영업에서의 좌절은 일상에 별다른 영향을 주지 못한다. 가족을 온 마음으로 사랑하는 것이 나의 사명이라면, 영업에서 지친 하루는 그저 사명에서 잠시 눈을 돌린 오락 활동에 불과하다.

삶의 목표와 사명을 정할 수 있는 사람은 오직 나 자신뿐이다. 그리고 그 사명을 따르지 못함으로써 내 자신감을 무너뜨릴 수 있는 사람도 오직 나뿐이다.

## 실행과제

다섯 가지 각 영역에서 자신감을 키우기 위해 다음과 같은 실행 방법을 제안한다.

### 1 지적 실행과제

힘든 하루를 맞이할 때, 동기를 부여해 주는 생각과 기억으로 머릿속을 채워보자. 만약 어려운 하루가 예상된다면, 자신을 단단하게 연습시킬 수 있는 효과적인 지적 전략이 많다.

다음은 몇 가지 실천 예다.

— 과거에 성취했던 최고의 거래를 머릿속에서 재현해 본다. 그때 내가 했던 옳은 판단과 행동을 분석하고 강화해서, 다시 그 성공을 재현할 수 있도록 한다.(또 다른 방법은 성공 경험, 예를 들어 일이 잘 풀려 인정을 받았거나, 진급하거나, 경력에 큰 전환점이 되었던 순간들을 정리해 파일로 만들어 두는 것이다. 사기가 떨어질 때마다 이 파일을 열어보며 자신을 북돋을 수 있다.)

— 도전과 시련이 나의 정체성을 흔들지 않도록 한다. "나는 도전을 좋아하고, 어떤 상황도 자신 있게 마주할 수 있다"는 믿음을 스스로에게 반복해서 상기시켜라.

— 두려움 대신 흥분과 기대감으로 심장을 뛰게 만드는 '경쟁'이나 '게임'처럼 느껴지는 과제에 도전해 보자.

— 인생에서 내가 감사하게 여기는 것들에 집중하라. 즉, 어떤 도전의 결과와 관계없이 나에게 '심리적 안전망'을 제공해 주는 요소들에 집중하는 것이다.

— 자신감은 내 안에서 시작된다. 여기에 당신만의 전략을 적어보라. 종이에 직접 써도 좋고, 휴대폰 메모장에 남겨도 좋다. 스스로를 위한 정리다. 그리고 아침에 일어나자마자, 가장 먼저 이 생각을 떠올리도록 해보자.

## 2 감성적 실행과제

자신감이 우리에게 어떤 의미가 있는지 오감을 사용하여 묘사하면서 아래 칸을 채우라.

자신감은 _____와 같이 보인다(시각적으로 무언가를 묘사하라).

자신감은 _____처럼 들린다(들을 수 있는 무언가를 묘사하라).

자신감은 _____와 같은 냄새가 난다(후각을 사용하여 무언가를 묘사하라).

자신감은 _____와 같은 느낌이 난다(감촉을 통한 무언가를 묘사하라).

자신감은 _____와 같은 맛이 난다(미각을 이용하여 무언가를 묘사하라).

이제 자신감을 가지고 성공하고자 하는 영업 상황에 직면했을 때 이러한 감정 연습을 해보라.

### 3 행동적 실행과제

당신이 피해왔던 태도나 행동, 상황을 골라 보라. 다음 단계의 성공으로 옮아가기 위해 우리가 취해야 하는 크고 불편한(그러나 안전한) 조치는 무엇인가? 여기에 대답을 적어라.

이제 이에 대해 단계적 접근법이나 집중 노출법 중에 한 접근법을 고르라. 집중 노출법을 골랐다면 주저하지 말고 실천하고 더 이상 불편하게 느껴지지 않을 때까지 그 상황에 머무르라. 단계적 접근법을 골랐다면 그 행동에 이를 수 있도록 서서히 우리의 마음가짐을 만들어 가기 위해 아래의 다섯 단계를 적어보라. 예를 들어 새로운 재정계획 도구를 가지고 우리에게 겁을 주는 수익성 높은 고객에게 접근하는 것이라면 아래와 같은 단계를 밟을 수 있다.

**단계 1 :** 혼자서 그 도구를 연습해 보라.
**단계 2 :** 친구나 동료와 함께 그 도구를 연습해 보라.
**단계 3 :** 우리가 편안하게 느끼는 고객과 함께 그 도구를 연습해 보라.

**단계 4 :** 우리가 조금 불편하게 느끼는 수익성이 높지 않은 고객과 함께 그 도구를 연습해 보라.

**단계 5 :** 수익성이 높은 그 고객과 약속을 잡으라.

아래의 단계를 적으라.

**단계 1 :** _____
**단계 2 :** _____
**단계 3 :** _____
**단계 4 :** _____
**단계 5 :** _____

1단계부터 시작하여 5단계나 그 이상으로 넘어갈 수 있도록 자신감을 키우라.

## 4 관계적 실행과제

당신의 관리자나 동료, 친구, 혹은 배우자 등에게서 피해왔던 갈등이나 대화는 무엇인가? 행동을 피하는 데 따르는 장점과 단점을 분석하고 이러한 도피가 당신의 에너지를 고갈시키고 있는지를 판단하라.

대화 : _____
_____

|  | 긍정적인 면 | 부정적인 면 |
|---|---|---|
| 대화에 직면하기 | | |
| 대화를 피하기 | | |

## 5 영적 실행과제

이는 "자신감으로 가는 다섯 가지 길"에 소개되어 있는 실행과제를 짧게 줄인 버전이다. 우리의 목적과 사명에 대한 통찰을 얻기 위해 이 형식을 사용하라.

— 내 인생과 일의 목적은 _____을 하기 위함 이다.(목표, 우리가 성취하고자 하는 것의 스토리를 적으라)

— 나는 _____를 위해 이 일을 한다.(우리 인생의 목적과 관련된 사람들의 리스트를 적으라).

— 나는 _____를 통해 이를 완수할 것이다.(우리의 목적을 지켜나가기 위해 해야 할 행동이나 활동의 리스트를 적으라).

# SECTION 7

# 컨설턴트에서 코치로

"많은 재능도 약간의 용기가 부족하면 헛되게 되고 만다. 용기가 없어 애초부터 노력하지 않은 이름도 모를 용기 없는 사람들이 매일같이 무덤으로 사라지고 있다."
— 시드니 스미스(Sydney Smith)

## 개요

자, 이제 컨설팅 영업과 코칭을 결합해 계약서에 고객의 사인을 받을 준비가 되었는가? 독자들 중 일부는 이미 그런 방식으로 일하고 있을 수도 있다. 약간의 조정만으로도 지금 하고 있는 활동을 한 단계 더 진화시킬 수 있을 것이다. 어쩌면 벌써 이 책에서 제시한 몇 가지 팁을 실천에 옮기고 있을지도 모른다. 하지만 또 어떤 독자들에게는 이 변화가 너무 크고 낯설어서 쉽게 다가서지 못할 수도 있다.

그럴 때 기억해야 할 놀라운 사실이 하나 있다. 바로, 변화의 첫걸음은 고객이 구매 결정을 내릴 때 겪는 과정과 매우 닮아 있다는 점이다. 당신에게 필요한 것은 다음과 같다.

— 영업인으로서 자신의 목적을 분명히 발견하는 것
— 옵션을 탐색하고, 스스로 또는 다른 사람과 함께 고민해 보는 것
— 그리고 어떤 접근법이 지금의 나에게 최선인지 결정하는 것

## 현장 경험

몇 년 전의 일이다. 당시 나는 이미 회사를 옮겨 영업 부서의 책임자로 일하고 있었는데, 한 컨설턴트에게서 전화 한 통이 걸려왔다. 그 사람은 예전에 내가 운영본부장으로 있을 때 한 세미나에서 만났던 인연이 있었고, 그때 내 명함을 가져간 것으로 보였다.

그 컨설턴트는 기업문화와 조직문화 혁신 컨설팅을 전문으로 하는 사람이었다. 그런데 그는 내게 다짜고짜 이렇게 말했다.

"그때 말씀하셨던 기업문화 혁신 프로젝트가 아직 의사결정이 안 되고 있는데, 어떻게 하실 건가요?"

나는 순간 당황할 수밖에 없었다.

그 프로젝트는 내가 아니라, 이미 과거의 소속 조직에서 이야기되던 일이었고, 나는 지금 전혀 다른 일을 하는 중이었다.

그래서 "지금은 제가 영업을 총괄하고 있고, 그 건은 제가 더 이상 관여할 위치에 있지 않습니다"라고 설명하자, 그 컨설턴트는 갑자기 어쩔 줄 몰라 하며 전화를 얼버무리고 끊었다.

이 경험은 나에게 한 가지 중요한 교훈을 남겼다.

상대의 현재 상황도 파악하지 않고 과거의 정보만으로 접근하는 영업은 실패할 수밖에 없다는 것, 그리고 그것이 단지 실패로 끝나는 것이 아니라 고객에게 불쾌한 인상까지 남길 수 있다는 것이었다.

만약 그 컨설턴트가 이렇게 시작했다면 어땠을까?

"○○님, 예전에 세미나에서 뵈었는데 기억하시나요? 혹시 지금은 어떤 일을 맡고 계신지 여쭤봐도 될까요?"

이렇게 고객의 현재 위치와 니즈를 먼저 확인하고, 그에 맞는 대화를 전개했다면 결과는 전혀 달랐을 것이다.

그 컨설턴트는 본인의 메시지를 전달하는 데만 집중한 나머지, 내가 어떤 위치에 있고, 무엇을 필요로 할 수 있는지를 전혀 고려하지 못했다. 결국 대화는 흐지부지 끝났고, 그 사람의 이름은 부정적인 기억으로만 남았다.

## 원칙

컨설팅 판매와 코칭을 결합시킬 준비가 되었는가? 변화가 소규모이든 대규모이든, 이 책에서 배운 내용을 결정적인 야드를 넘는 실행으로 바꾸고 싶은가? 주저하는 마음이 있다면, 당신이 고객에게 구매 결정을 위해 적용하는 것과 유사한 단계를 당신 자신이 거칠 필요가 있다. 변화하기 위해서는 3D 코칭 모델을 적용하여 다음을 성취해야 한다.

— 영업인으로서 자신의 목적을 발견한다.
— 자신의 옵션을 논의하거나 탐구한다. (혼자 머릿속에서든, 다른 누군가와 협동해서든)
— 어떤 접근법이 자신에게 최고인지 결정한다.

## SECTION 7-1
# 영업인으로서 자신의 목적을 발견한다

당신을 움직이게 하는 원동력은 무엇인가? 매일 아침 눈을 떠서 하루를 살아가게 만드는 동기는 무엇인가?

이 원동력과 동기를 파악하는 일은, 지금 당신이 겪고 있는 변화(크든 작든)를 지속 가능하게 만들기 위한 출발점이다. 현실을 직시하자. 우리는 매일 끝없는 '해야 할 일'과 '하지 말아야 할 일'의 정보 속에 살아간다.

'살을 빼야 한다', '모르는 메일의 첨부파일은 열지 말아야 한다', '운동해야 한다', '커피는 줄여야 한다', '가족과 시간을 더 보내야 한다', '일을 너무 열심히 해선 안 된다', '성과는 더 올려야 한다' 등등. 이런 리스트는 끝도 없이 이어진다.

이처럼 정보에 떠밀리는 삶 속에서, 이 책이 말하는 전략들은 자칫 흘러가 버리기 쉽다. 이 프로그램이 당신에게 실제로 작용하고 있는지 확인하는 좋은 방법 중 하나는, 이 책에 나온 원칙들을 당신만의 목표와 동기에 연결하는 것이다.

예를 들어, 당신의 삶의 목적이 만나는 사람들의 삶을 조금이라도 더 좋게 만드는 것이라면, 그 목적은 지금 당신의 코칭 스타일과 어떻게 맞물리는가?

이런 식으로 정보를 자신의 감정과 내면의 욕구에 연결할수록, 당신의 행동은 더 구체적이고 실현 가능해질 것이다.

## SECTION 7-2
# 옵션을 논의하거나 탐구하기

코치로서 나는 독자들이 이 책에서 제시하는 모델을 그대로 따르리라고 기대하지 않는다. 사실, 이 모델을 자신의 성격과 목적에 맞게 적절히 변형하는 것이 오히려 더 좋은 결과로 이어질 수도 있다. 그러니 이 모델을 마주했을 때, 마음에 드는 점과 들지 않는 점을 스스로와 솔직하게 대화해 보자.

'어떤 부분이 나에게 맞는가?', '어떤 방식이 나에게 더 잘 맞을 것 같은가?', '지금 떠오른 생각들은 무엇이며, 그 생각들은 어떻게 활용할 수 있을까?' 등등. 이런 고민은 머릿속에서만 흘려보내지 말고, 꼭 기록으로 남겨두자. 수시로 들여다보며 자신에게 가장 적합한 길을 계속 탐색해 보는 것이 중요하다.

예를 들어, 이 모델이 내게 주는 플러스 요인과 마이너스 요인을 목록으로 만들어 정리해 볼 수 있다. 이런 정리는 자신에게 실질적인 통찰을 줄 수 있다. 그리고 무엇보다 이런 탐색은 혼자 하는 것보다 누군가와 함께 하는 것이 훨씬 더 효과적이다.

코치를 고용하거나, 친구 한 명을 붙잡고 "같이 이 책을 읽어 보자"고 제안해 보자. 그렇게 함께 양손으로 이 모델을 붙잡고, 한 걸음씩 차근차근 단계를 따라가며 대화를 나누다 보면 그 어떤 자기개발서보다 더 깊고 실질적인 변화가 일어날 수 있다.

중요한 것은, 이 책의 전략을 단순히 '정보'로 받아들이는 것이 아니라 당신의 삶과 스타일에 맞게 완전히 자기화하는 것이다. 원한다면, 내가 제안한 것보다 당신에게 더 잘 맞는 방식을 직접 만들어도 좋다. 그게 바로 코칭 영업의 진정한 출발이다.

## SECTION 7-3
## 어떤 접근법이 자신에게 최고인지 결정하기

코치의 입장에서 당신은 자신의 삶에서 능력 있고, 재능 있으며, 스스로를 가장 잘 아는 사람이라는걸 나는 믿는다. 그렇기 때문에 지금 이 시점에서, 당신에게 맞는 방식이 뭔지 스스로 결정할 수 있다. 내가 원하는 건 딱 하나다. 지금 결정을 내리는 것이다.

지금까지 다른 책들을 읽고, '좋은 내용이네, 나중에 해봐야지' 하고 책장에 꽂아둔 적이 많았을 것이다. 그런데 이 책은 그렇게 다뤄져선 안 된다. 지금 선택하라.

— 이 책을 그냥 내려놓든가("코칭 영업 모델은 나한텐 맞지 않아"),
— 일부만 활용하든가("괜찮은 전략 몇 개만 지금 방식에 더해보자"),
— 전부 실천하든가("이 모델을 처음부터 끝까지 제대로 해봐야겠다").

선택은 자유다. 하지만 지금 선택해야 한다.

## SECTION 7-4
# 앞으로 30일 - 작심삼일을 넘는 유일한 방법

습관을 바꾸는 데 필요한 다음의 세 가지는 행동은 단순하다. '빠르게 시작하라', '처음부터 강하게 시작하라', '꾸준하게 유지하라'이다. 이 장의 연습문제는 단순한 질문이 아니다. 지속 가능한 변화의 실천 계획을 설계하는 도구다. 따라서 이 책에 쏟은 시간과 노력을 실제로 보상받고 싶다면, 다음의 실천사항을 절대 빼먹지 말자.

### 오늘 당장 시작하라

다음 주를 기다리지 말고, 책장을 덮는 그 순간부터 실행하라. 과제를 빼먹었다면 그냥 지나가지 말고, 돌아가서 채워라. 필자도 안다. 하기 싫을 수 있다. 하지만 그게 바로 이 책에서 진짜 가치를 얻는 방법이다.

### 신뢰할 수 있는 파트너를 찾아라

함께 이 책의 원칙을 실천하고 토론할 수 있는 동료를 만들어라. 이 책을 함께 읽고, 매주 한 번씩 만나 활용한 전략을 점검하고, 다음 주까지 실천할 새로운 행동을 정하라.
한 달만 그렇게 해보라. 확실히 달라질 것이다.

**매일 확인할 수 있는 시스템을 만들어라**

워드 파일에 전략을 정리하든지, 커닝 페이퍼를 책상에 붙여 두든지, 거울에 메모를 붙이든지, 가족이나 배우자에게 진행 상황을 물어보도록 부탁하든지 매일 상기할 수 있도록 하라.

책의 부록에 3D 코칭 모델 전체 요약이 정리돼 있으니 꼭 검토하라. 그리고, 이 책을 다시 한번 처음부터 찬찬히 읽어보라. 전혀 다른 시선으로 다가올 것이다.

이제 선택의 시간이다.

오늘 당신이 내리는 결정이, 당신의 다음 30일을 결정짓는다.

# 실행과제

### 실행과제 **1** : 초기 실행계획 마련하기

3D 코칭 모델로 바꾸는 과정을 시작하기 위해 다음 질문들에 대답해 보라.

— 이 책에서 우리의 눈에 띄는 가장 중요한 원칙이나 기법, 전략은 무엇인가?
— 이 원칙을 어떻게 실행으로 옮길 것인가?
— 어떻게 이에 대한 의무를 지울 것인가?
— 우리가 진척을 보여 왔는지 파악하기 위해 어느 시점에서 우리 자신을 확인해 볼 것인가?

### 실행과제 **2** : 더욱 광범위한 실행계획 마련하기

더 큰 성과를 기대하는 사람들을 위해 장 별로 이 책을 재검토하면서 영업 코치로 변화하는데 전념하기 위해 다음 질문에 대답해 보라.

**1장**
— 1장의 마지막에서 했던 평가를 재점검해 보라. 이 책을 끝낸 지금 시점, 우리 영업 스타일을 코치로 바꾸기 위해 우리가 계속해서 집중해야 하는 영역은 어디인가?
— 사람들에게 상담 시 코칭 한 후에 그들이 우리를 어떻게 표현하기를

바라는가?

— 이 일을 가능하게 하기 위해 측정 가능한 행동 계획은 무엇이며 언제까지 이를 실천할 것인가?

**2장**

— 자신감을 얻기 위한 다음 영역 중 어느 길을 선택하고 싶은가?(지적, 감성적, 행동적, 관계적 영적)

— 이 일을 어떻게 시작할 것인가?

— 언제까지 이 일을 할 것이며 우리가 성공했는지 어떻게 알 수 있을 것인가?

**3장**

— 유능한 코치가 갖춘 스킬 들을 검토해 봤을 때 우리가 개발하고 싶은 스킬은 무엇인가?

— 이러한 스킬 들을 향상시키는 일을 어떻게 시작할 것인가?(관련 서적 읽기, 훈련에 참가하기, 코치 고용하기 등)

— 언제까지 할 것인가?

**4장**

— KBOB 과정과 반성적 재검토를 다시 점검하라. 어떻게 그리고 언제 이 과정을 실행으로 옮길 것인가?

— 누구에 대해 책임이 있는가?

─ 이 과정이 효과를 발휘할 때 우리의 성공을 어떻게 축하할 것인가?

**5장**

─ 논의 단계를 다시 검토 하라. 우리의 영업실적과 과정을 향상시기 위해 스토리보딩을 어떤 방법으로 활용할 수 있는가?

─ 우리가 최신의 흐름을 파악하고 있고 가장 효과적인 해결책을 사용하고 있다는 점을 확실히 하기 위해 3 포인트 플레이를 얼마나 자주 재검토할 것인가?

─ 이 점에 대해 정기적으로 얼마나 자주 우리 자신을 일깨워 줄 것인가?

**6장**

─ 결정 단계를 재점검 하라. 고객들이 결정을 내리도록 코칭 하는 당신의 스킬을 향상시키는 데 도움을 주기 위해 실행으로 옮기고자 하는 것은 무엇인가?

─ 이를 어떻게 실천할 것인가?

─ 언제 시작할 것인가?

## 실천과제 3 : 실천하라!

이 책은 이제 여기서 끝난다. 이제는 실천하라! 영업인으로서, 그리고 코치로서 능력과 영향력을 지속적으로 키워갈 수 있기를 바란다.

[ 부록 ]

# 3D 코칭 대화의 요약

세 개의 장을 통해 3D 모델을 쭉 살펴봄으로써 약간은 두려울 수도 있다. 그러므로 이 과정의 세 부분을 다음과 같이 요약된 형태로 마무리해 보자.

### 발견 단계 — 반영하고 명확히 하기(Reflection and Clarification)

— 고객과 감성적인 연결고리를 만들고 협력을 강화하기 위해 가벼운 대화를 이용하라.

— 고객의 관점을 밝히고 이를 반영하는 과정을 따르면서 그들의 필요를 완전히 이해하기 위해 KBOP 공식을 사용하라.

### 대화 시작하기 — 대화를 그 목적에 맞게 곧바로 유도하라

— 자신감, 자발적 의지, 준비성을 말해 주는 말로 시작하라.

— 목표에 대해 물어보라.

— 목표에 대해 구두로 동의를 끌어내라.

**(Benefit)혜택** : 고객이 자신의 목적을 달성했을 때 얻을 수 있는 혜택에 대한 그림을 그릴 수 있게 도와주라.

**(Obstacle)장애물 :** 고객이 과거에 그들이 진술한 목적에 이르는 것을 막은(그리고 구매를 막은) 것을 드러내고 반영 하라.

**(Plan)계획 :** 과거와 현재의 구매 계획을 드러내고 반영 하라.

— 편안함과 신뢰의 감정을 키우는 데 있어 잠재 고객의 유형에 맞춰 TEAM 코칭 도구를 사용하라.

— 고객의 관점과 동기를 우리가 제대로 이해했는지를 자연스럽게 확인하고 보여주기 위해 돌아보며 점검하는 방식을 써서 논의 단계로 넘어가라.

"그러니까 정리해 보면, 고객님께서는 _____을 원하신다고 (목표 확인) 말씀하시는 거고, 그게 _____을 해주기 때문에 (혜택 확인) 관심을 갖고 계시는 거죠. 그런데 예전에는 _____때문에 (장애물 확인) 망설이셨고, 지금까지는 _____식으로 (계획 확인) 해결해오셨던 걸로 보이는데… 제가 맞게 이해한 건가요? (동의 구하기) 좋습니다. 그럼 이제 고객님 생각에 제 아이디어를 좀 보태서, 고객님을 위한 좋은 해결책을 같이 만들어볼 수 있는지 살펴보면 어떨까요? 지금 얘기해 봐도 될까요?"

일단 동의를 얻고 나면 논의 단계로 넘어가면 된다. 고객이 거부하는 분위기면 이 모델의 앞 단계로 다시 돌아가서 뭘 놓쳤는지 살펴보거나, 그 고객이 구매할 준비가 안 됐다고 판단하면 된다.

### 논의 단계 — 공유하고 / 중지하고 / 동의하기(Share / pause /agree)

— 우리 상품이 제공하는 해결책에 대한 카테고리를 준비하기 위해 스토리보딩이라는 코칭 도구를 사용하라.

— 자연스러운 연결고리와 같은 매끄러운 질문을 이용하여 해결책으로 이어지게 하기 위해 3포인트 플레이를 하라.

**공유 포인트 #1**

— 초기의 목표와 다시 연결하라.

— 질문을 하고 고객과 함께 확인하라.

**공유 포인트 #2**

— 초기의 목표와 다시 연결하라.

— 질문을 하고 고객과 함께 확인하라.

**공유 포인트 #3**

— 초기의 목표와 다시 연결하라.

— 질문을 하고 고객과 함께 확인하라.

돌아보며 점검하는 방식을 이용하여 결정 단계로 자연스럽게 넘어가라.

"고객님의 목표에 잘 맞는 (포인트 #1, #2, #3에 대해) 저희 생각이 비슷한 것 같은데, 맞나요?"

**결정 단계 — 협력과 책임 형성하기**

― 결정을 위해 CAT 모델을 사용하라.

**협력적 계약 체결 :** 자유 개방형 질문을 사용하여 결정이 내려졌는지 파악하라.

**실행계획 :** 영업 과정의 다음 단계를 형성하기 위해 고객과 함께 협력하라.

**타이밍과 후속 조치 :** 발전을 측정하기 위한 책임 계획을 결정하라.

― 고객의 거절이나 주저함을 상냥하게 다루기 위해 APPA 코칭 도구를 사용하라.

단 한 번에 하기에는 벅차 보이는 과정이지만, 각 단계를 차분히 밟기 위해 시간을 내라. 충분히 보람 있는 시간 투자가 될 것이다.

[에필로그]

# 영업의 네 번째 혁명을 맞이하며

나는 영업 현장에서 33년을 살아왔다.

수많은 고객을 만나고, 수없이 많은 문을 두드리며, 때로는 거절에 좌절하고, 때로는 감동에 벅찼다. 그 오랜 시간 속에서 영업의 세계도 세 차례의 큰 혁명을 겪어왔다.

첫 번째 혁명은 1990년대 초반, 내가 막 영업을 시작했을 때였다. 이때부터 영업 스킬이 매뉴얼화되고, 영업 프로세스가 점차 표준화되기 시작했다. 혼자 부딪히며 온몸으로 익히던 시대에서, 체계와 지식이 쌓이고 공유되는 시대로 바뀌던 시기였다. 당시는 제품만 제대로 만들어도 팔리는 시대였다. '발로 뛰는 활동'과 '끈기'가 성과를 결정했고, '말 잘하는 기술'이 최고의 경쟁력이었다.

두 번째 혁명은 2000년대 초, 인터넷의 대중화와 함께 찾아왔다. 고객이 점점 더 똑똑해졌고, 기업 간 경쟁은 더욱 치열해졌다. 이때부터 영업인의 명함에 '컨설턴트'라는 타이틀이 붙기 시작했다. 고객의 니즈를 정확히 파악하고 그에 맞는 솔루션을 제시하는 '질문의 기술'이 중요한 시대가 열렸다. 닐 라컴의 『SPIN Selling』은 이 시대의 교과서였고, 영업인들은 체계적인 상담 스킬을 배우기 시작했다.

세 번째 혁명은 2010년대, 기업들이 '영업의 생산성'에 대한 근본적인 질문을 던지면서 일어났다. B2B와 B2C가 명확히 분리되었고, 단순한 해결책이 아닌 '인사이트'를 제공해야 하는 시대가 왔다. 하버드 비즈니스 리뷰의 「The End of Solution Sales」가 큰 반향을 일으키며 챌린저 세일Challenger Sale 방식이 주목받았다. 고객에게 통찰력 있는 질문을 던지고, 그들이 미처 보지 못한 문제를 보여주는 방식이다. 그런데 국내 영업 현장은 아직도 두 번째 혁명의 문턱을 완전히 넘지 못한 채 머물러 있는 경우가 많다.

그리고 이제, 네 번째 혁명이 우리 앞에 도착했다. 바로 'AI의 시대'다. 이제 고객은 단순한 정보의 수혜자가 아니라, 지식과 데이터로 무장한 전략가가 되었다. 그들은 그 어떤 영업 기법보다 빠르고 정확하게 정보를 수집하고, 이미 스스로 답을 갖고 상담 현장에 들어선다.

이런 시대에 우리는 무엇을 팔 것인가?"가 아니라, "고객의 성공을 위해 무엇을 도울 것인가?"라는 질문으로 바꿔야 한다. 영업사원은 더 이상 설명하는 사람이 아니다. 이제는 '코치'가 되어야 한다. 고객이 스스로 최선의 선택을 할 수 있도록 돕는 'Buying Coach' — 그것이 바로 내가 이 책을 쓰게 된 이유다.

솔직히 말하자면 이 책을 쓰며 '과연 이 이야기를 얼마나 많은 영업인들이 받아들일 수 있을까?'라는 걱정도 있었다. 하지만 동시에 기대도 컸다. 왜냐하면, 영업은 결코 사라지지 않을 직업이기 때문이다. 다만, 그 형태와 정체성이 계속해서 진화할 뿐이다.

이제 우리는 새로운 영업의 언어를 배워야 한다.

팔지 말고, 코칭 하자.

말하지 말고, 묻자.

설득하지 말고, 동행하자.

그래야 우리는 이 혁명의 시대를 살아남고, 더 나아가 성장할 수 있다. 영업인이 아닌, 고객의 성공을 함께 설계하는 코치로서 말이다.

서울과학종합대학원대학교 영업혁신 연구센터

김상범, 정희준, 김상현, 박민수

## 팔지말고 코칭하라

**초판 1쇄 발행**  2025년 07월 01일

| | |
|---|---|
| 글쓴이 | 김상범, 정희준, 김상현, 박민수 |
| 펴낸이 | 김왕기 |
| 편집부 | 원선화, 김한솔 |
| 디자인 | 푸른영토 디자인실 |

| | |
|---|---|
| 펴낸곳 | **(주)푸른영토** |
| 주소 | 경기도 고양시 일산동구 장항동 865 코오롱레이크폴리스1차 A동 908호 |
| 전화 | (대표)031-925-2327 팩스 l 031-925-2328 |
| 등록번호 | 제2005-24호.(2005년 4월 15일) |
| 홈페이지 | www.blueterritory.com |
| 전자우편 | book@blueterritory.com |

ISBN 979-11-92167-26-8  03810
ⓒ김상범, 정희준, 김상현, 박민수, 2025

\* 이 책은 저작권법에 따라 보호받는 저작물이므로 무단 전재와 복제를 금지합니다.
\* 파본이나 잘못된 책은 구입하신 곳에서 바꾸어 드립니다.